Asia-Küche

Über 100 leckere Rezepte aus China, Thailand, Indonesien und Japan

Fotos: Christiane Krüger

Inhaltsverzeichnis

3

1. Basmatireis

... gehört zu den besten, aber auch teuersten polierten Langkorn-Reissorten. Die langen, schlanken Körner strömen beim Garen einen nussigen Duft aus und schmecken auch sehr aromatisch. Da Basmatireis beim Kochen ausgesprochen körnig bleibt, ist er jedoch zum Essen mit Stäbchen eher ungeeignet.

2. Mie-Nudeln

... werden aus Weizenmehl hergestellt und ähneln unseren schmalen Bandnudeln. Sie werden mit und ohne Ei angeboten, manchmal mit Garnelen- oder Fischpulver aromatisiert, häufig als Instant-Produkt bzw. vorgekocht. Die Nudeln mit kochendem Wasser bedecken, in einem Topf kurz aufkochen, 2 Min. sieden lassen, dann abgießen.

3. Duftreis

... aus Thailand zählt zu den Langkorn-Reissorten. Zubereitet wird er so: 250 g Duftreis in einem Sieb waschen, bis das Wasser klar abläuft. In einen Topf geben, ca. 3/4 l Wasser dazugießen – es soll ca. 2 cm über dem Reis stehen. Reis zugedeckt zum Kochen bringen, bei schwacher Hitze ca. 20 Min. köcheln lassen, bis das Wasser vollständig aufgesogen ist.

4. Frühlings- rollenteig

... gibt's als runde oder quadratische Teigblätter tiefgekühlt und auch frisch im Asienladen und Supermarkt. Tiefkühlware unter einem feuchten Küchentuch auftauen lassen. Damit frischer Teig nicht austrocknet, diesen vor der Verarbeitung ebenfalls feucht abdecken.

5. Glasnudeln

... bestehen aus Mungobohnen-, Sojabohnen- oder Tapiokastärke. Sie werden nicht gekocht, sondern lediglich mit kochendem Wasser überbrüht. Dann lässt man sie ca. 10 Min. lang ziehen, bis sie weich und transparent sind. Abtropfen lassen, mit einer Küchenschere klein schneiden – fertig. Lecker als Suppeneinlage oder Beilage.

6. Reisnudeln

... hergestellt aus Reismehl und Wasser, gibt's von spaghettidünn bis bandnudelbreit im Asienladen und im Asienregal großer Supermärkte. Wie Glasnudeln werden auch sie nicht gekocht, sondern nur überbrüht. Achtung: Nach dem Garen nicht länger stehen lassen, sonst werden die Nudeln wieder hart.

7. Sushi-Reis

... japanischer Rundkornreis, wird im Asienladen und Supermarkt auch unter der Bezeichnung Ketanreis geführt. Meist wird er fürs Formen von Sushi verwendet, doch er schmeckt auch als Beilage. Wie man ihn gart, steht auf S. 123. Ersetzen kann man ihn durch italienischen Risottoreis.

8. Wan-Tan-Teig

... fertige quadratische Teigplatten von ca. 10 cm Kantenlänge, gibt's tiefgekühlt im Asienladen. Wer keine bekommt, macht den Teig selbst: 200 g Mehl, 1 Ei und 50 ml Wasser zu einem geschmeidigen Teig verkneten, 30 Min. ruhen lassen. Danach dünn ausrollen und in 24 Quadrate von ca. 10 x 10 cm schneiden.

9. Udonnudeln

... aus Japan werden aus Weizenmehl und Wasser hergestellt. In getrockneter Form ähneln sie italienischen Tagliatelle; beim Kochen werden die ursprünglich flachen Nudeln dann weiß und dick. Von leicht teigiger Konsistenz, werden sie gerne als Suppeneinlage verwendet.

1

2

3

4

5

6

5

7

8

9

Asiatische Gemüse

1. Bambussprossen

... gelbliche Sprossen, mild und mit knackigem Biss, sind vor allem aus der chinesischen Küche nicht wegzudenken. Frische Bambussprossen – manchmal im Asienladen erhältlich – müssen geschält und mindestens 5 Min. gekocht werden. Bei Dosenware entfällt dieser Arbeitsgang, sie ist bereits vorgekocht.

2. Daikon-Rettich

... wird in geriebener Form in Japan gerne zu Fleischgerichten serviert. Man bekommt ihn frisch oder eingelegt im Asienladen. Wie für heimische Rettichsorten gilt: Frische Ware muss prall und fest sein. Aus Daikon-Rettich gezogene Sprossen werden im Asienladen als Daikon-Kresse angeboten.

3. Mu-Err-Pilze

... werden wegen ihres bizarren Aussehens auch Wolkenohrpilze genannt. Mit ihrem milden Aroma harmonieren die braunen Pilze mit so ziemlich jeder Zutat, weswegen sie in China in zahlreiche Fleisch- und Gemüsegerichte kommen. Bei uns findet man sie in getrockneter Form im Asienladen oder im Asienregal großer Supermärkte.

4. Pak-Choi

... (zu deutsch: Senfkohl) ist vitaminreich, preiswert und daher ein oft verwendetes Gemüse, das auch bei uns frisch angeboten wird. Beim Einkauf auf feste und helle Stiele sowie makellose Blätter achten. Außerdem rasch verbrauchen, denn Pak-Choi lässt sich nicht lange aufbewahren. Gute Alternativen sind Chinakohl und Mangold.

5. Algen

... haben mittlerweile auch bei uns kulinarische Akzeptanz gefunden: In Form von **Nori-Blättern**, also zu hauchdünnen Platten gepresst, umhüllen sie gerollte Sushi. Eine andere Sorte, **Kombu**, ist unentbehrliche Zutat für Dashi-Brühe, Grundlage vieler japanischer Gerichte. Beide Algensorten gibt's im Asienladen.

6. Shiitake-Pilze

... finden in China und Japan oft Verwendung. Frische Pilze – erhältlich im Asienladen oder Supermarkt – sollten gewölbte Hüte haben und fleischig aussehen. Getrocknete Shiitake sind meist unter der Bezeichnung Tongku-Pilze im Handel. Sie müssen vor der Verwendung in warmem Wasser eingeweicht werden.

7. Sojasprossen

... gibt es ganzjährig frisch im Asienladen, Supermarkt und Bioladen. Wenn man sie frisch nicht bekommt, kann man auf Dosen- oder Glasware ausweichen. Beim Einkauf frischer Ware auf knackige Sprossen ohne braune Stellen achten. Luftdicht verpackt, halten sie sich im Kühlschrank maximal zwei Tage – daher bald verzehren.

8. Süßkartoffeln

... (Bataten) werden in der Asia-Küche als Beilage zu Fleischgerichten gereicht oder für Gemüsecurrys verwendet. Gekocht werden sie wie unsere heimischen Kartoffeln, lassen sich wegen ihres deutlich süßen Geschmacks aber nur bedingt durch diese ersetzen. Zu kaufen gibt es sie im Asienladen und gut sortierten Gemüsehandel.

9. Wasserkastanien

... sind die weißrosa Fruchtknollen einer Sumpfpflanze. Sie sind mit ihrem süßsäuerlichen Geschmack und ihrem knackigen Biss eine ideale Zutat für pikante Fleisch- und Gemüsegerichte. Frisch äußerst selten im Angebot, bekommt man sie meist nur in Dosen im Asienladen.

1

2

ASIATISCHE~
**Bo
Ga 3
Mu Err**
Chinesische Baumpilze,
getrocknet

4

5

6

7

7

8

9

Asiatische Kräuter & Gewürze

1. Galgant

… die helle Wurzel der Galgantpflanze, ist mit der Ingwerwurzel verwandt und kann durch diese auch ersetzt werden. Allerdings schmeckt Galgant etwas säuerlicher. Wenn man ihn also durch Ingwer ersetzt, sollte man etwas abgeriebene Zitronenschale beigeben. Frischen und gemahlenen Galgant (Laospulver) gibt's im Asienladen.

2. Ingwer

… die Wurzel der Ingwerstaude, schmeckt fruchtig-scharf. Je älter die Wurzel, umso intensiver ihr Geschmack. Jungen Ingwer erkennt man an der dünnen Haut und dem saftigen Fleisch, älteren Ingwer an der dickeren Haut und dem faserigen Fleisch. Ob jung oder alt: Die Wurzel vor der Verwendung immer schälen und holzige Stellen entfernen.

3. Kaffirlimettenblätter

… intensiv nach Limette duftend, werden wie Lorbeerblätter im Ganzen verwendet. Man bekommt sie im Asienladen zu jeweils ca. 25 Stück im Plastikbeutel verpackt. Trotz der Menge zugreifen: Die Blätter im Plastikbeutel einfrieren und nach Bedarf entnehmen – sie sind ruckzuck aufgetaut.

4. Koriandergrün

… hat einen leicht pfeffrigen Geschmack mit süßlicher Anisnote. Darum ist es auch nicht jedermanns Sache und kann durch Petersilie ersetzt werden – was dem Gericht aber eine andere Note gibt. Beim Kauf auf schön grüne Blätter achten, sie dürfen nicht gelb sein. Essbar sind Blätter, Stiele und Wurzeln der Pflanze.

5. Kreuzkümmel

… (Cumin) ist Bestandteil von Currypulver und anderen Würzmischungen, wird aber auch solo verwendet. Im Asienladen sowohl in ganzen Körnern als auch in Pulverform. Erstere am besten in einer Gewürzmühle mahlen. Vorsicht, obwohl europäischem Kümmel sehr ähnlich, ist dieser kein Ersatz: Der Geschmack ist ein völlig anderer!

6. Kurkuma

… (Gelbwurzel) ist der Gelbmacher in Currypulver. Die Wurzel der Kurkumapflanze wird in gemahlener oder getrockneter Form, aber auch solo als Würzzutat verwendet. Ihr Geschmack liegt zwischen erdig-pikant und leicht bitter – darum immer sparsam dosieren. Das lichtempfindliche Pulver am besten in einem dunklen Glas aufbewahren.

7. Szechuan-Pfeffer

… die getrockneten Beerenfrüchte des Pfeffer-Gelbholzbaums, machen chinesische und japanische Fisch- und Fleischgerichte scharf. Am besten ganze Körner kaufen – man kann sie problemlos in der Pfeffermühle mahlen. Zwecks Aromaentfaltung vorher in einer Pfanne ohne Fett kurz rösten.

8. Thai-Basilikum

… ist in Thailand der Star unter den Küchenkräutern. Man unterscheidet drei Sorten, wobei »Bai horapa« die am meisten verwendete ist, zu erkennen an den gezackten grünen Blättern und den roten Stängeln. Das Kraut schmeckt intensiver als europäisches Basilikum und hat zudem ein leichtes Anisaroma.

9. Zitronengras

… ist nicht nur in vielen Currypasten enthalten, sondern verleiht auch solo verwendet einer Menge Asia-Gerichten eine kräftig zitronige Note. In der Regel wird nur der untere helle Teil der Stängel (ca. 15 cm) verwendet. Damit dieser sein Aroma voll entfalten kann, muss er entweder angedrückt, grob zerteilt oder ganz fein gehackt werden.

1. Dashi-Brühe

… in Japan unentbehrliche Grundlage für viele Suppen, Saucen und Fischgerichte, kann man selber machen (siehe S. 105) oder als Instantbrühe in Pulverform im Asienladen kaufen. Ob selbst gemacht oder Instant: Basis sind Kombu (siehe S. 6) und Bonitoflocken, geschabte Flocken von getrockneten Bonitofilets.

2. Kokosmilch

… wird aus Kokosnussfleisch und Milch oder Wasser hergestellt. Ihr milder, leicht nussiger Geschmack nimmt asiatischen Currys das Chili-Feuer. Es gibt sie gesüßt oder ungesüßt in Dosen im Asienladen oder im Asienregal großer Supermärkte. Inhalt einer angebrochenen Dose bald verwenden, Kokosmilch ist leicht verderblich!

3. Krabbenbrot

… (Kroepoek) aus fein gemahlenen Krabben, Gewürzen und Tapiokamehl ist eine indonesische Cracker-Spezialität. Man reicht es als Beilage z. B. zu Reisgerichten oder knabbert es zwischendurch. Wie Kartoffelchips abgepackt bekommt man sie im Asienladen oder im Asienregal großer Supermärkte.

4. Miso

… ist eine japanische Paste aus fermentierten Sojabohnen und Reis, die Saucen, Marinaden und natürlich Misosuppe würzt. Man unterscheidet rotes Miso (kräftiger Geschmack) und weißes Miso (süßlicher Geschmack). Beide sind aber von bräunlicher Farbe. Sparsam dosieren: Miso hat einen hohen Salzgehalt.

5. Reisessig

… ein mild-säuerlicher Essig aus Reismaische, dient zum Abschmecken von süß-sauren oder sauer-scharfen Gerichten und zum Säuern von Sushi-Reis. In China wird vor allem dunkler, kräftig schmeckender Reisessig verwendet, in Japan dagegen hauptsächlich weißer bzw. klarer Reisessig mit sehr wenig Säure.

6. Reiswein

… gibt es in drei Sorten: Chinesischer **Reiswein** (kräftig süßlich) wird zwar hauptsächlich zum Kochen verwendet (Ersatz: Medium Sherry), aber leicht angewärmt auch zum Essen getrunken – genau wie japanischer **Sake** (herb). **Mirin**, süßer Reiswein, wird dagegen ausschließlich zum Kochen verwendet.

7. Tamarinden-mark

… das Mark der Früchte des Tamarindenbaums, wird meist zu kleinen Blöcken gepresst im Asienladen angeboten. Vor der Verwendung muss es eingeweicht, geknetet und durchgesiebt werden. Ersetzen kann man sein säuerliches Aroma notfalls durch Zitronensaft.

8. Tofu

… der proteinreiche »Quark« aus Sojabohnen, wird in großer Auswahl im Asienladen, Reformhaus und Bioladen angeboten. Die Palette reicht vom weichen Seidentofu für cremige Süßspeisen bis zum festen Tofu zum Kochen und Braten. Da Tofu beinahe neutral schmeckt, sollte er vor der Zubereitung entweder mariniert oder gut gewürzt werden.

9. Wasabi

… japanischer Meerrettich, gehört zu den Grundgewürzen der japanischen Küche. Man kann ihn als fertige Paste oder als Pulver zum Anrühren im Asienladen kaufen. (Beim Anrühren des Pulvers unbedingt die Packungsanweisung befolgen.) Als Ersatz geriebenen weißen Meerrettich aus dem Glas verwenden.

1

2

3

4

5

6

7

8

9

1. Austernsauce

… (»Oyster Sauce«) dient zum Würzen, Marinieren und Dippen. Hergestellt wird sie aus Austernextrakt, Stärke und einer Mischung verschiedener Gewürze. Gute Qualitäten sind nicht ganz preiswert. Billigprodukte aber lieber links liegen lassen – sie schmecken nur salzig – und durch Sojasauce oder Fischsauce ersetzen.

2. Bohnenpasten

… gibt's in scharfer, salziger und süßer Version im Asienladen. Scharfe Bohnenpaste aus gesalzenen Sojabohnen, Chilis und anderen Zutaten dient vor allem in der Szechuaner Küche zum Würzen und Marinieren von Fleisch, Fisch, Geflügel und Gemüse. Angebrochene Bohnenpaste kühl aufbewahren.

3. Currypasten

… auf Basis von Chilis gibt es in gelb, rot und grün. Grüne Currypaste – die schärfste – wird gerne für Gemüse verwendet, gelbe für Geflügelcurrys, rote für dunkles Fleisch. Man bekommt sie in Gläsern oder vakuumverpackt in Plastiktüten im Asienladen. Am besten in kleinen Mengen kaufen und die Sorten nach und nach durchprobieren.

4. Fischsauce

… besteht in der Hauptsache aus fermentiertem Fisch (z. B. Sardellen) oder Garnelen und Salz. Vor allem in der thailändischen Küche wird sie viel und gerne verwendet. Da der Salzgehalt je nach Sorte variiert, vorsichtig dosieren und evtl. nachwürzen. Ersatz: eine Mischung aus Sojasauce und Sardellenpaste.

5. Garnelenpaste

… aus getrockneten, gemahlenen Garnelen und Salz hergestellt, wird in Indonesien zum Würzen von Fisch-, Fleisch- und Gemüsegerichten verwendet. Zu suppenwürfelgroßen Blöcken verpackt, ist die Paste auch unter der Bezeichnung Terasi im Asienladen erhältlich. Ein guter Ersatz ist Sardellenpaste.

6. Kecap asin/ Kecap manis

… sind die indonesischen Pendants zu den chinesischen und japanischen Sojasaucen, geschmacklich aber nicht mit diesen zu vergleichen. Kecap asin ist dünnflüssig und salzig, Kecap manis dickflüssig und süß. Da die Saucen leicht anbrennen, die Gerichte erst zum Schluss damit würzen.

7. Sambal oelek

… selbst gemacht: Für 10 TL 10 frische rote Chilis waschen, mit den Kernen in Ringe schneiden, dabei die Stiele entfernen. Mit 4 EL Sonnenblumenöl und Salz im elektrischen Mixer pürieren. Die Paste in einer kleinen Pfanne unter Rühren ca. 10 Min. erhitzen, bis sich Öl auf der Oberfläche absetzt. Abkühlen lassen.

8. Sesamöl

… wird nicht etwa zum Braten, sondern zum Würzen verwendet – und zwar tropfenweise, denn das dunkelbraune Öl aus geschrotetem und geröstetem Sesam schmeckt sehr intensiv nussig. Vorsicht: Raffiniertes, also gereinigtes und damit helles Sesamöl ist kein geschmacklicher Ersatz, dafür aber zum Braten und Frittieren geeignet.

9. Sojasauce

… aus fermentierten Sojabohnen ist in vielen Sorten erhältlich: Helle Sojasauce ist dünnflüssig und leicht salzig, dunkle Sojasauce ausgereifter und weniger salzig. Japanische Sojasaucen sind generell milder. Keine Sojasaucen kaufen, die Zusatzstoffe wie z. B. Karamell enthalten – sie wurden im Schnellverfahren hergestellt.

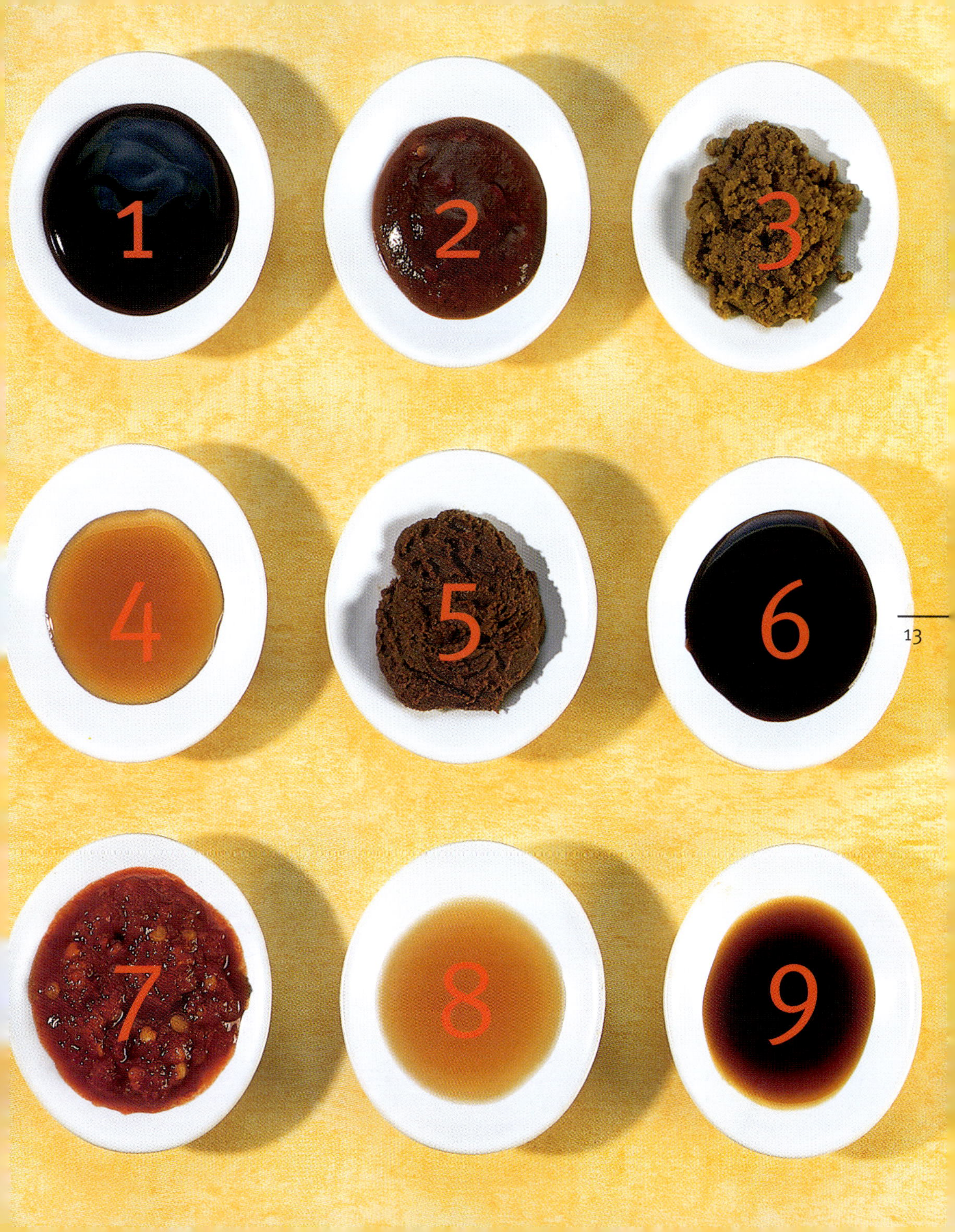
1
2
3
4
5
6
7
8
9

Damit kocht Asien – Küchengeräte

1. Wok

Woks werden mittlerweile in den verschiedensten Ausführungen gehandelt – aus Gusseisen, Edelstahl oder Aluminium, unversiegelt, email- oder antihaftbeschichtet. Welches Modell man wählt, entscheidet zum einen die persönliche Vorliebe für ein bestimmtes Material und zum anderen der Geldbeutel, denn gute Woks gibt es in ganz unterschiedlichen Preislagen. Damit man lange Freude an seinem Wok hat: Pflege- und Gebrauchsanweisung genau studieren und einhalten!

2. Mörser

Da die meisten der in Asien verwendeten Gewürze daselbst wachsen, werden in den Küchen Chinas, Thailands und Indonesiens statt Fertiggewürzmischungen natürlich frische Gewürze verwendet – d. h. für jede Mahlzeit aufs Neue frisch zusammengestellt und im Mörser zerstoßen. Wer also seine Currypaste lieber selber macht als fertig kauft, sollte sich einen solchen zulegen. Gut sind Mörser aus rauem Stein, worin man die Gewürze mit einem Steinstößel perfekt zerstoßen oder zermahlen kann.

3. Messer

Gute und scharfe Messer sind natürlich nicht nur in der Asia-Küche, sondern generell unentbehrlich, und niemand muss sein vorhandenes Messerarsenal gegen ein asiatisches austauschen. Wer aber noch keine guten Messer besitzt, kann die Anschaffung japanischer Messer erwägen: Mit ihrer einseitig geschliffenen, weichen Klinge um einen harten Kern gehören sie zu den schärfsten überhaupt. Auch nicht schlecht: ein chinesisches Küchenbeil, mit dem man wirklich alles klein bekommt.

4. Bambus-Dämpfkorb

Dämpfen ist in Asien eine beliebte, weil schonende Garmethode: Fisch oder Gemüse behalten durch das langsame Garen im Wasserdampf ihren Eigengeschmack. Zum Dämpfen wird das Gargut in kleine Bambus-Dämpfkörbe gegeben (gibt's preiswert im Asienladen), die in den Wok gestellt und dort vom Wasserdampf umströmt werden. Vor der ersten Benutzung den Dämpfkorb gründlich abspülen und ca. 10 Min. in den heißen Wasserdampf des Woks stellen – das wirkt geschmacksneutralisierend.

5. Wok-Zubehör

Beim Kauf eines Woks sollte man zwar eher auf die Qualität des Geräts selbst als auf die Menge an mitgeliefertem Zubehör achten, doch eine Beigabe muss sein – nämlich ein **Deckel**. Er ist unentbehrlich fürs Schmoren und Dämpfen. Auch nützlich: ein **Abtropfgitter**, das an den Rand des Woks gehängt wird, um gegarte Zutaten zum Entfetten und Warmhalten abzulegen. Eine **Wokschaufel** zum Pfannenrühren lässt sich dagegen prima durch einen gewöhnlichen Pfannenwender aus Holz ersetzen.

6. Sushi-Matte

Eine »Makisu«, wie sie in Japan genannt wird, ist eine spezielle Matte aus dünnen Bambusstäben, die für das Aufrollen von Maki-Sushi gebraucht wird – also Rollen, deren Innenleben aus Sushi-Reis und z. B. Fisch von einem Nori-Blatt zusammengehalten wird (siehe S. 123 und 125). Man bekommt diese Bambusmatten in den verschiedensten Abmessungen im Asienladen. Wichtig: Nach dem Gebrauch nur mit klarem Wasser ohne Spülmittel säubern und danach gut trocknen lassen.

14

1

2

3

5

4

6

15

China

Über die Kunst des »Peng Tiao«

Chinas Küche ist vor allem eins: sehr, sehr vielfältig. Klar, denn das Land ist ungefähr so groß wie Europa und beherbergt über eine Milliarde Menschen, die von Nord nach Süd und von Ost nach West ganz unterschiedlich kochen. Alle aber verstehen es, wenige Zutaten abwechslungsreich und lecker zuzubereiten. Das lassen schon die chinesischen Wörter für Kochen, »Peng Tiao«, anklingen: »Peng« meint »garen«, und »Tiao« lässt sich mit »würzen« und »verfeinern« am besten übersetzen. Wie die Kunst des »Peng Tiao« in den verschiedenen Regionen aussieht und wie man sie schließlich genießt, ist im Folgenden zu lesen.

Von Nord nach Süd

Da die klimatischen Verhältnisse im Norden Chinas den Reisanbau nicht zulassen, hat man sich hier auf den Anbau von Weizen, Gerste und Mais verlegt. Was erklärt, warum Teigwaren wie z. B. Frühlingsrollen zum täglichen Speiseplan gehören. Im Süden herrscht dagegen tropisches Klima, Reis kann deswegen sogar zwei Mal im Jahr geerntet werden. Aber auch Süßkartoffeln, Getreide und Blattgemüse gedeihen üppig. Schweine-, Geflügel- und Fischzuchten sorgen zusätzlich für Abwechslung. Die Küche des Südens, die Kanton-Küche, ist nicht nur die bekannteste außerhalb Chinas, ihr haben wir auch das Pfannenrühren im Wok zu verdanken.

Von Ost nach West

In der Küche des Ostens, der Shanghai-Küche, verwendet man beim Kochen gerne Zucker und liebt die süß-saure Geschmacksrichtung. Auch in Sojasauce Geschmortes wird oft gegessen; zahlreiche Flüsse, Seen und natürlich das Meer liefern das Schmorgut. Im Westen dagegen, der Reiskammer Chinas, liebt man es geschmacklich sehr ausgeprägt: kräftig scharf, salzig, süß oder sauer. Bekannt ist die Szechuan-Küche, wie die Küche des Westens genannt wird, vor allem durch den nach ihr benannten Scharfmacher: den Szechuan-Pfeffer. Wenn nicht er, dann sorgen Chilischoten für Feuer im Mund – sie fehlen in der Küche des Westens nur bei wenigen Gerichten.

Speisenfolge

Zwar kennt man in China keine feste Menüfolge, doch eine gewisse Ordnung im Nacheinander gibt es durchaus: In der Regel bildet eine lokale Spezialität den Beginn, dann folgen Fleisch- und Geflügel- und schließlich Fischgerichte, zu denen es natürlich Reis gibt. Erst zum Abschluss des Menüs gibt es die Suppe. Süßspeisen werden selten gereicht – in China genießt man diese eher am Morgen oder zwischendurch.

Getränke

Zwar wird zum Essen auch einmal warmer Reiswein oder ein kühles Bier (das übrigens erst um das Jahr 1900 durch deutsche Brauer ins Land kam) getrunken – doch Tee ist nach wie vor das Getränk schlechthin. Man hat die Qual der Wahl zwischen Blütentee (z. B. Jasmintee), schwarzem und grünem Tee. Bei Letzterem ganz wichtig: Die Teeblätter nicht mit sprudelnd kochendem Wasser aufgießen, sondern das Wasser auf etwa 80° abkühlen lassen.

Eatguide

Chinesische Kinder beherrschen es bereits mit zwei Jahren: das Essen mit Stäbchen. Mit ein bisschen Geduld und Übung kann man es auch später noch lernen: Das untere Stäbchen ruht unbeweglich in der Mulde zwischen Daumen und Zeigefinger. Das obere Stäbchen wird wie ein Bleistift gehalten und mit Zeige- und Mittelfinger sowie der Daumenspitze bewegt.

gelingt leicht **Shanghai-Salat**

(im Bild hinten)

Für 4 Personen:
1 Salatgurke (etwa 400 g)
120 g Möhren
200 g Staudensellerie
20 g Glasnudeln
100 g roher Schinken in dünnen Scheiben
2 Eier
1 EL neutrales Pflanzenöl
100 g gegarte geschälte Garnelen
Für die Sauce:
2 EL Reisweinessig
1 EL Zitronensaft
3 EL helle Sojasauce
1 EL Zucker
je 1 TL scharfer Senf, Sesamöl und
  eingelegter grüner Pfeffer

Zubereitungszeit: ca. 45 Min.
Pro Portion: ca. 255 kcal

1 Die Gurke waschen, längs halbieren, die Kerne mit einem Löffel herausschaben. Das Fruchtfleisch in lange, dünne Streifen schneiden. Die Möhre und den Sellerie putzen, ebenfalls in Streifen schneiden.

2 Die Glasnudeln mit kochendem Wasser übergießen und 3 Min. quellen lassen. Dann kalt abschrecken, gut abtropfen lassen und in kurze Stücke schneiden. Den Schinken in dünne Streifen schneiden.

3 Alle vorbereiteten Zutaten auf einer Platte anrichten. Die Zutaten für die Sauce verquirlen und darüber träufeln.

4 Die Eier trennen, Eigelbe und Eiweiße getrennt verquirlen. Das Öl in einer Pfanne erhitzen, aus Eigelb und Eiweiß je einen Eierkuchen backen. In Streifen schneiden, mit den Garnelen auf den Salat streuen.

vegetarisch **Frittiertes Omelett**

(im Bild vorne)

Für 5 Personen:
5 getrocknete Tongku-Pilze
je 40 g Gurke, Möhren und Lauch
100 g frische Sojabohnensprossen
1 TL Reiswein | Salz | Pfeffer
5 Eier | 1/2 EL Speisestärke
1/4 l Pflanzenöl zum Frittieren

Zubereitungszeit: ca. 40 Min.
Pro Portion: ca. 210 kcal

1 Die Pilze mit kochendem Wasser übergießen, 10 Min. quellen, dann abtropfen lassen. Gurke und Möhren waschen bzw. schälen. Lauch putzen und waschen. Alle diese Zutaten in 2 cm lange feine Streifen schneiden. Sojabohnensprossen waschen, abtropfen lassen und untermischen, mit Reiswein, Salz und Pfeffer würzen.

2 Stärke mit 1 EL Wasser verrühren. Die Eier damit verquirlen. Etwa 1/2 Tasse davon beiseite stellen. Einen Wok (oder eine Pfanne) erhitzen, mit wenig Öl ausstreichen. Ein Fünftel der Eimasse hineingeben und durch Schwenken dünn verteilen. Die Masse nur so lange garen, bis sie gestockt und fest ist, vorsichtig herausnehmen.

3 Die fertigen Omeletts auf der Arbeitsfläche ausbreiten. Die Füllung flach darauf verteilen, dabei rundherum einen etwa 2 cm breiten Rand freilassen. Die Ränder über der Füllung nach innen klappen und mit der restlichen Eimasse bestreichen. Die Omeletts aufrollen und die Ränder mit Eimasse verschließen.

4 Das Öl im Wok (oder in einem Topf) erhitzen. Es ist heiß genug, wenn an einem hineingehaltenen Holzkochlöffelstiel kleine Bläschen aufsteigen. Die Röllchen darin in etwa 3 Min. goldgelb frittieren. Abtropfen lassen, schräg in jeweils drei Stücke schneiden und servieren.

gelingt leicht ## Gebratene Reisnudeln

Für 4 Personen:
400 g Reisnudeln
20 g getrocknete Tongku-Pilze
150 g mageres Schweinefleisch
1 TL Speisestärke | 1 EL Reiswein
Salz | weißer Pfeffer
250 g Sojabohnensprossen
1/2 grüne Paprikaschote
4 EL neutrales Pflanzenöl
3 EL dunkle Sojasauce | 1 TL Sesamöl

Zubereitungszeit: ca. 45 Min.
Pro Portion: ca. 655 kcal

1 Reisnudeln in lauwarmem Wasser 30 Min. einweichen. Tongku-Pilze in warmem Wasser etwa 20 Min. einweichen. Inzwischen das Fleisch trockentupfen und in etwa 5 cm lange und 1/2 cm breite Streifen schneiden. Stärke, Reiswein sowie je 1 Prise Salz und Pfeffer vermischen, das Fleisch untermengen.

2 Sojabohnensprossen kalt abspülen und abtropfen lassen. Paprikaschote waschen, putzen und in etwa 5 cm lange dünne Streifen schneiden. Pilze aus dem Einweichwasser nehmen, von den Stielen befreien, in dünne Streifen schneiden. Reisnudeln abtropfen lassen.

3 In einem Wok (oder in einer Pfanne) 2 EL Öl stark erhitzen. Das Fleisch darin unter Rühren etwa 2 Min. braten, Pilze, Sprossen und Paprikastreifen dazugeben, mit je 1 Prise Salz und Pfeffer abschmecken. Unter Rühren etwa 1 Min. braten, dann herausnehmen.

4 Übriges Öl im Wok erhitzen, Reisnudeln dazugeben. Mit Sojasauce würzen. Bei mittlerer Hitze und unter Rühren 5–6 Min. lang braten. Fleisch und Gemüse untermengen, mit Sesamöl beträufeln.

Gebratener Reis

Für 4 Personen:
250 g Langkornreis
100 g gekochter Schinken ohne Fettrand
1–2 Möhren (etwa 50 g)
2 Eier | Salz
4 EL neutrales Pflanzenöl
50 g TK-Erbsen
weißer Pfeffer

Zubereitungszeit: ca. 40 Min.
Pro Portion: ca. 240 kcal

1 Den Reis mit 1/2 l Wasser zum Kochen bringen und zugedeckt bei schwacher Hitze etwa 20 Min. quellen, dann abkühlen lassen.

2 Den Schinken in etwa 1 cm große Würfel schneiden. Möhren schälen, waschen und wie den Schinken würfeln.

Besonders clever!

*Damit der **Reis** beim Braten nicht klebrig wird, ist es wichtig, dass er vollkommen abgekühlt war. Besonders schnell lassen sich Gerichte mit gebratenem Reis zubereiten, wenn Sie ihn bereits am Vortag kochen.*

3 Die Eier in einer Schüssel verquirlen, mit 1 Prise Salz würzen. Einen Wok (oder eine Pfanne) bei starker Hitze in etwa 1 Min. erwärmen. 2 EL Öl angießen und die Eiermasse darin unter Rühren 1–2 Min. braten. Eiermasse dabei mit dem Kochlöffel zerkleinern.

4 Schinken, Möhren und Erbsen dazugeben. Unter Rühren etwa 1 Min. braten. Den Reis dazugeben, mit 1/2 TL Salz und 1 Prise Pfeffer würzen und unter Rühren etwa 2 Min. braten. Anschließend sofort servieren.

22

Nudeln mit Rindfleisch

Für 2-3 Personen:
150 g Rinderfilet
1 TL Speisestärke
30 g frische Shiitake-Pilze
30 g Bambussprossen in Streifen
   (aus der Dose)
1–2 Frühlingszwiebeln
2 dünne Scheiben frischer Ingwer
150 g Pak-Choi
250 g mitteldicke chinesische Nudeln
6 EL neutrales Pflanzenöl
1 TL Reiswein
3 EL helle Sojasauce
5 EL Fleischbrühe (Instant) oder Wasser
Salz | weißer Pfeffer

Zubereitungszeit: ca. 40 Min.
Bei 3 Personen pro Portion: ca. 480 kcal

1 Das Rindfleisch trockentupfen, in dünne Streifen schneiden und mit der Stärke mischen. Die Pilze putzen und in Scheiben schneiden. Bambussprossen abtropfen lassen.

2 Frühlingszwiebeln putzen, waschen und in dünne Scheiben schneiden. Ingwer schälen und hacken. Pak-Choi waschen, putzen und in etwa 2 cm große Stücke schneiden.

3 Die Nudeln in reichlich kochendem Wasser nicht ganz gar kochen. (Ab und zu eine Nudel probieren, und wenn sie noch etwas zu viel Biss hat, herausnehmen.) Nudeln abschrecken und gut abtropfen lassen. Mit 1 EL Öl mischen, damit sie nicht zusammenkleben.

4 In einem Wok (oder in einer Pfanne) 2 EL Öl erhitzen. Rindfleisch und Ingwer hineingeben und unter Rühren bei starker Hitze kurz braten. Reiswein und 1 EL Sojasauce dazugeben. Das Fleisch herausnehmen.

5 Restliches Öl erhitzen. Frühlingszwiebeln, Bambus, Shiitake-Pilze und Gemüse dazugeben und unter Rühren 1–2 Min. braten, bis das Gemüse bissfest ist. Nudeln dazugeben und mit der Brühe bzw. Wasser, 2 EL Sojasauce, Salz und Pfeffer würzen. Fleisch wieder untermischen und nochmals erwärmen.

Stylingtipp
Statt die Nudeln zum Schluss unterzurühren, können Sie Gemüse und Fleisch auch einmal in **Nudelnestern** servieren – die schmecken nämlich genauso gut, wie sie aussehen!
Für 2 Nester 250 g chinesische Eiernudeln nach Packungsanweisung gar kochen. Kalt abschrecken und gut abtropfen lassen. In einem großen Topf reichlich Öl erhitzen. Ein großes Sieb mit der Hälfte der Nudeln auslegen, ein kleines Sieb darauf legen. Das Nest im heißen Öl knusprig braun frittieren (Vorsicht, Spritzgefahr!). Vorsichtig herauslösen und warm stellen. Auf diese Weise ein zweites Nest frittieren.

Tauschbörse
Wenn Sie Pak-Choi im Asienladen nicht bekommen, nehmen Sie als Ersatz frischen **Blattspinat, Mangold** oder **Chinakohl**. Die Shiitake-Pilze können Sie durch frische **Champignons** ersetzen, den Reiswein durch trockenen **Sherry** (Fino). Und sollte es an chinesischen Nudeln scheitern: **Spaghetti** gehen notfalls auch.

24

Sommergericht Kalte Nudeln mit Huhn

(im Bild hinten)

Für 2 Personen:
150 g chinesische Eiernudeln (Mie)
1 EL Sesamöl
200 g Hähnchenbrustfilet
1 EL Reiswein | Salz
150 g Sojabohnensprossen
150 g Salatgurke
1 Bund Schnittlauch
1 Scheibe frischer Ingwer (etwa 1 cm dick)
1 Knoblauchzehe
1 EL Sesampaste
1/2 TL Chiliöl | 1 EL helle Sojasauce
1 TL heller Reisessig | 1 TL Zucker
1 Prise Szechuan-Pfeffer

Zubereitungszeit: ca. 30 Min.
Pro Portion: ca. 705 kcal

1 Nudeln in 1½ l kochendem Wasser 2–3 Min. kochen, kalt abspülen und mit dem Sesamöl mischen, damit sie nicht zusammenkleben. Das Hähnchenbrustfilet kalt abspülen, in einem Topf mit Wasser bedeckt zum Kochen bringen. 1 EL Reiswein und 1 Prise Salz zufügen. Zugedeckt bei schwacher Hitze etwa 8 Min. köcheln lassen.

2 Die Sojabohnensprossen putzen, waschen und abtropfen lassen. Gurke waschen und in dünne Scheiben schneiden. Schnittlauch waschen, fein hacken. Ingwer schälen, Knoblauch schälen. Beides fein hacken.

3 Die Sesampaste mit 1 EL Wasser verrühren, mit Schnittlauch, Ingwer, Knoblauch, Chiliöl, Sojasauce, Essig, Zucker und Szechuan-Pfeffer zu einer Sauce mischen.

4 Hähnchenfleisch aus der Brühe nehmen, trockentupfen und mit einem Fleischklopfer klopfen, bis die Fleischfasern sich lockern.

Dann in längliche, feine Streifen zupfen. Sojabohnensprossen auf zwei Teller verteilen, darauf Nudeln, Gurke und Hähnchenstreifen anrichten. Die Sauce darüber verteilen und servieren.

gelingt leicht Glasnudeln mit Hackfleisch

(im Bild vorne)

Für 2 Personen:
100 g Schweinehackfleisch
1 EL Reiswein
1 Stange Lauch
3 dünne Scheiben frischer Ingwer
2–3 Knoblauchzehen
400 ml Pflanzenöl zum Frittieren
75 g Glasnudeln
1 EL scharfe Bohnenpaste
2 EL helle Sojasauce

Zubereitungszeit: ca. 30 Min.
Pro Portion: ca. 450 kcal

1 Hackfleisch mit der Hälfte des Reisweins mischen. Lauch putzen, waschen, in etwa 4 cm lange Stücke, diese längs in Streifen schneiden. Ingwer und Knoblauch schälen und fein hacken.

2 Öl in einem Wok (oder in einem Topf) stark erhitzen. Glasnudeln etwas auseinanderzupfen, in drei Portionen jeweils 1–2 Min. frittieren, bis die Nudeln aufgehen und nicht mehr durchsichtig sind. Vorsichtig herausnehmen.

3 Aus dem Wok 2 EL Öl nehmen und in einer Pfanne erhitzen. Hackfleisch darin unter Rühren bei starker Hitze braten, bis es krümelig ist. Bohnenpaste, Lauch, Ingwer und Knoblauch dazugeben und etwa 2 Min. weiterrühren.

4 Restlichen Reiswein und Sojasauce dazugeben. 1/4 l Wasser angießen, Glasnudeln hinzufügen und unter Rühren bei starker Hitze etwa 2 Min. kochen, bis die Flüssigkeit verdampft ist.

macht was her **Rindfleisch mit Austernsauce**

(im Bild vorne)

Für 2 Personen:
250 g Rinderfilet | 1 TL Speisestärke
2 Frühlingszwiebeln
1/2 grüne Paprikaschote
1 dünne Scheibe frischer Ingwer
2 Knoblauchzehen
4 EL neutrales Pflanzenöl
25 g Cashewkerne
1 EL dunkle Sojasauce
2 EL Austernsauce | 1 TL Sesamöl

Zubereitungszeit: ca. 25 Min.
Pro Portion: ca. 650 kcal

1 Das Fleisch trockentupfen und in etwa 1/2 cm dicke und 3–4 cm lange Streifen schneiden. Stärke mit 2 EL Wasser anrühren. Das Fleisch mit einem Drittel davon mischen.

2 Frühlingszwiebeln putzen, waschen, in 3–4 cm lange Stücke schneiden, dickere Teile längs halbieren. Paprikaschote waschen, putzen und in etwa 5 cm lange, dünne Streifen schneiden. Ingwer und Knoblauch schälen und fein hacken.

3 In einem Wok (oder in einer Pfanne) 2 EL Öl erhitzen. Fleisch darin bei starker Hitze unter Rühren anbraten, bis es sich verfärbt hat. Anschließend wieder herausnehmen.

4 2 EL Öl in den Wok geben. Frühlingszwiebeln, Paprika, Knoblauch und Ingwer darin unter Rühren bei starker Hitze kurz braten, bis alles würzig duftet. Cashewkerne 1 Min. mitbraten.

5 Fleisch, Soja- und Austernsauce untermischen und alles erwärmen, übrige Stärke dazugeben und die Mischung noch einmal aufkochen lassen. Das Gericht auf einem Servierteller anrichten und mit Sesamöl beträufeln.

Klassiker **Schweinefleisch süßsauer**

(im Bild hinten)

Für 2 Personen:
200 g mageres Schweinefleisch
1 Ei | 3 TL Speisestärke
Salz | 5 ½ EL Reiswein
50 g Gurke | 30 g Lauch
10 g frischer Ingwer
2 Knoblauchzehen
1 EL Zucker | 1 TL Essig
100 ml Pflanzenöl zum Frittieren
2 EL Tomatenmark

Zubereitungszeit: ca. 30 Min.
Pro Portion: ca. 365 kcal

1 Das Fleisch zuerst in dünne Scheiben, dann in 3 cm lange und 2 cm breite Stücke schneiden. Das Ei mit 1 TL Stärke, 1 Prise Salz und 1/2 EL Reiswein mischen. Das Fleisch untermengen.

2 Die Gurke waschen, längs in 2 cm breite Scheiben, diese schräg in Stücke schneiden. Lauch putzen, waschen, Ingwer und Knoblauch schälen. Alles in Scheiben schneiden. Aus Zucker mit Essig, 1 Prise Salz, 5 EL Reiswein, 2 TL Stärke und 1 EL Wasser eine Sauce rühren.

3 Einen Wok (oder eine Pfanne) erhitzen. Das Öl hinzufügen und heiß werden lassen. Das Fleisch hineingeben und bei mittlerer Hitze frittieren, bis es goldbraun ist, dann herausnehmen.

4 Das Öl bis auf einen dünnen Film aus dem Wok gießen. Tomatenmark, Lauch, Ingwer und Knoblauch in den Wok geben und kurz unter Rühren braten. Gurkenscheiben zufügen und kurz mitbraten. Die Sauce zugießen, einmal aufkochen und unter Rühren garen, bis sie dicklich wird. Das Fleisch wieder zugeben und noch einmal heiß werden lassen, aber nicht zu lange garen – sonst wird die Kruste wieder weich.

sehr scharf **Schweinehack-fleisch mit Tofu**

(im Bild vorne)

Für 4 Personen:
500 g Tofu | 3 Knoblauchzehen
1 Scheibe frischer Ingwer (etwa 2 cm dick)
2 Frühlingszwiebeln
10 g fermentierte schwarze Bohnen
   (Dou Chi, aus dem Glas)
3 EL neutrales Pflanzenöl
2 EL scharfe Bohnenpaste
200 g Schweinehackfleisch
1 EL Reiswein | 2 EL dunkle Sojasauce | Salz
200 ml Hühnerbrühe (Instant)
1½ EL Speisestärke
1/2 TL Szechuan-Pfeffer | 1 TL Sesamöl

Zubereitungszeit: ca. 30 Min.
Pro Portion: ca. 350 kcal

1 Tofu kalt abspülen, trockentupfen und in 2 cm große Würfel schneiden. Knoblauch und Ingwer schälen, Frühlingszwiebeln putzen und zusammen mit den fermentierten Bohnen fein hacken.

2 Tofu in kochendem Wasser 1/2 Min. garen, herausnehmen und abtropfen lassen. Einen Wok (oder eine Pfanne) erhitzen, das Öl bei mittlerer Hitze darin erhitzen. Bohnenpaste, fermentierte Bohnen, Ingwer und Knoblauch darin unter Rühren etwa 1 Min. anbraten. Hackfleisch zugeben, bei starker Hitze unter Rühren 2 Min. braten.

3 Temperatur herunterschalten. Das Fleisch mit Reiswein, Sojasauce und Salz würzen, dann Tofuwürfel und Hühnerbrühe dazugeben. Alles bei mittlerer Hitze zum Kochen bringen. Die Speisestärke mit 3 EL Wasser anrühren, untermischen und die Sauce damit binden.

4 Die Frühlingszwiebeln untermischen. Mit Szechuan-Pfeffer bestreuen und mit Sesamöl beträufeln. Sofort servieren.

gelingt leicht **Scharfwürzige Hähnchenbrust**

(im Bild hinten)

Für 3 Personen:
300 g Hähnchenbrustfilet
1 Prise Salz | 2 EL Reiswein
2 Eier | 50 g Speisestärke
1 Scheibe frischer Ingwer (etwa 1 cm dick)
3 Knoblauchzehen
1 EL Zucker | 1 EL heller Reisessig
1½ TL helle Sojasauce
1/4 l Pflanzenöl zum Frittieren
1½ TL scharfe Bohnenpaste

Zubereitungszeit: ca. 50 Min.
Pro Portion: ca. 480 kcal

1 Die Hähnchenbrust kalt abspülen, trockentupfen und in etwa 6 cm lange und 1 cm dicke Streifen schneiden, dann mit Salz und 1 EL Reiswein mischen. Eier mit der Stärke vermengen.

2 Ingwer und Knoblauch schälen, fein hacken. In einer Schüssel Zucker mit Essig, Sojasauce und 1 EL Reiswein mischen, beiseite stellen.

3 Öl in einem Wok (oder in einer Pfanne) bei starker Hitze heiß werden lassen, bis an einem hineingehaltenen Holzkochlöffelstiel Bläschen aufsteigen. Hähnchenstreifen durch die Ei-Stärke-Masse ziehen und stückweise im heißen Öl etwa 1 Min. frittieren. (Vorsicht, Spritzgefahr!) Herausnehmen und das Fett abtropfen lassen.

4 Die Temperatur auf niedrigste Stufe zurückschalten und das Öl bis auf einen dünnen Film aus dem Wok gießen. Die Bohnenpaste bei schwacher Hitze darin unter Rühren flüssig werden lassen. Ingwer und Knoblauch zugeben, unter Rühren kurz anbraten, die vorbereitete Sauce zugießen. Die Hähnchenstreifen untermengen und alles noch einmal unter Rühren etwa 1/2 Min. bei mittlerer Hitze braten.

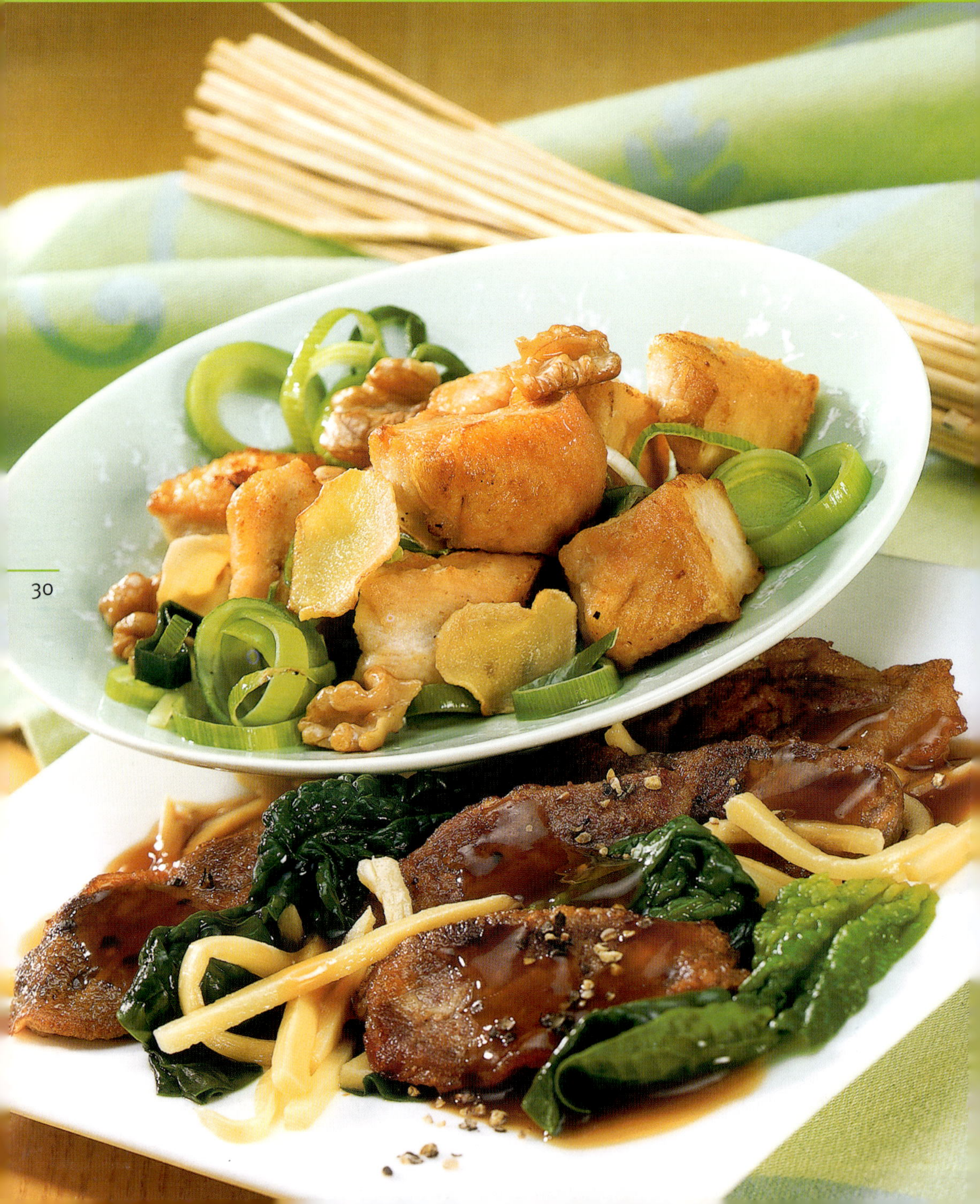

gelingt leicht Entenbrust mit Ingwer
(im Bild vorne)

Für 3–4 Personen:
350 g Entenbrustfilet
1 Eiweiß | weißer Pfeffer
2 EL dunkle Sojasauce
2 EL Reiswein | 2 EL Speisestärke
5 EL neutrales Pflanzenöl
125 g Bambussprossen in Streifen
   (aus der Dose)
50 g frischer Ingwer
50 g Blattspinat
1 TL Zucker
100 ml Hühnerbrühe (Instant)
1/2 TL Sesamöl

Zubereitungszeit: ca. 40 Min.
Bei 4 Personen pro Portion: ca. 400 kcal

1 Entenbrust kalt abspülen, trockentupfen und in etwa 6 cm lange, 3 cm breite und 1/2 cm dünne Scheiben schneiden. Mit Eiweiß, 1 Prise Pfeffer, je 1 EL Sojasauce, Reiswein, Stärke und Öl in einer Schüssel mischen, etwa 5 Min. marinieren.

2 Die Bambussprossen abtropfen lassen. Ingwer schälen und in etwa 1/2 cm dünne Scheiben schneiden. Spinat putzen, gründlich waschen und abtropfen lassen.

3 In einem Wok (oder in einer Pfanne) 4 EL Öl bei mittlerer Hitze heiß werden lassen. Entenbrust hineingeben und unter Rühren etwa 2 Min. braten, dann die Bambussprossen dazugeben und zusammen 1/2 Min. weiterbraten. Herausnehmen und das Fett abtropfen lassen.

4 Ingwerscheiben im Restöl unter Rühren etwa 1 Min. anbraten. Fleisch und Bambussprossen zugeben, mit je 1 EL Sojasauce und Reiswein sowie dem Zucker würzen. Mit der Brühe ablöschen. Bei starker Hitze kurz aufkochen lassen.

5 Den Spinat untermengen und unter Rühren etwa 1/2 Min. mitkochen. 1 EL Stärke mit 2 EL Wasser anrühren, untermengen und die Sauce damit binden. Das Gericht vor dem Servieren mit Sesamöl beträufeln.

schnell Huhn mit Walnüssen
(im Bild hinten)

Für 2 Personen:
150 g Hähnchenbrustfilet
1 TL Speisestärke
1½ EL Reiswein
30 g Lauch
10 g frischer Ingwer
1 EL Sojasauce
Salz | Pfeffer
50 g Walnusskerne
2–3 EL neutrales Pflanzenöl

Zubereitungszeit: ca. 20 Min.
Pro Portion: ca. 345 kcal

1 Das Hähnchenfleisch kalt abspülen, trockentupfen und in etwa 1/2 cm große Stücke schneiden. Mit 1 TL Stärke und 1 EL Reiswein mischen.

2 Lauch waschen und putzen, Ingwer schälen und beides in feine Scheiben schneiden. 1 EL Sojasauce mit 1/2 EL Reiswein, Salz und Pfeffer zur Sauce vermischen.

3 Walnusskerne nach Belieben halbieren oder vierteln. Das Öl in einem Wok (oder in einer Pfanne) erhitzen. Walnüsse darin unter Rühren etwa 1 Min. braten. Herausnehmen und beiseite stellen.

4 Hähnchenfleisch ins verbliebene Fett geben und unter Rühren etwa 1 Min. braten. Lauch und Ingwer dazugeben und alles noch einmal 1 Min. braten. Sauce und Walnüsse untermischen und noch einmal 1 Min. braten. Die Nüsse sollen nicht zu dunkel werden. Sofort servieren.

schnell **Gebratene Fischwürfel**

(im Bild vorne)

Für 2 Personen:
200 g Fischfilet (Kabeljau oder Scholle)
2 Eiweiß | 5 TL Speisestärke | Salz
2 ½ EL Reiswein | weißer Pfeffer
50 g Bambussprossen in Streifen
(aus der Dose)
1/2 Frühlingszwiebel
1 Knoblauchzehe
je 1/2 grüne und rote Paprikaschote
4 EL neutrales Pflanzenöl
1 TL Sesamöl (nach Belieben)

Zubereitungszeit: ca. 30 Min.
Pro Portion: ca. 290 kcal

1 Das Fischfilet in etwa 1 ½ cm große Würfel schneiden, mit Eiweiß, 4 TL Stärke, 1 Prise Salz und 1/2 EL Reiswein mischen. 1 TL Stärke mit 50 ml Wasser, etwas Salz und 1 Prise Pfeffer in einer Schale verrühren und beiseite stellen.

2 Die Bambussprossen abtropfen lassen. Frühlingszwiebel putzen, waschen und in kurze Stücke schneiden. Knoblauch schälen und in dünne Scheiben schneiden. Paprika waschen, putzen und in etwa 1 ½ cm große Stücke schneiden. Das Öl in einem Wok (oder in einer Pfanne) bei mittlerer Hitze heiß werden lassen. Die Fischwürfel hineingeben und unter Rühren etwa 2 Min. braten, dann herausnehmen.

3 Frühlingszwiebel und Knoblauch im Restöl bei mittlerer Hitze unter Rühren kurz anbraten, Bambussprossen und Paprika dazugeben, unter Rühren etwa 1 Min. braten.

4 Fischwürfel zufügen, mit dem übrigen Reiswein würzen. Die angerührte Stärke dazugeben, unter Rühren etwa 1 Min. kochen. Vor dem Servieren nach Belieben mit Sesamöl beträufeln.

gelingt leicht **Forelle mit Ingwerstreifen**

(im Bild hinten)

Für 2 Personen:
1 küchenfertige Forelle (etwa 500 g)
1 Frühlingszwiebel
1 walnussgroßes Stück frischer Ingwer
(etwa 25 g)
3 EL neutrales Pflanzenöl
1 Sternanis | 4 EL Reiswein
1 l Fleischbrühe (Instant)
Salz | 1 EL dunkle Sojasauce

Zubereitungszeit: ca. 30 Min.
Pro Portion: ca. 430 kcal

1 Die Forelle innen und außen kalt abspülen, trockentupfen. Das Fischfleisch auf beiden Seiten im Abstand von etwa 4 cm etwa 1 cm tief kreuzweise einschneiden. Die Frühlingszwiebel putzen, waschen und quer in etwa 5 cm lange Stücke, dann längs in dünne Streifen schneiden. Ingwer schälen und davon drei dünne Scheiben (etwa 5 g) abschneiden, den Rest in 4 cm lange, jedoch sehr dünne Streifen schneiden.

2 In einem Wok (oder in einer Pfanne) 1 ½ EL Öl bei schwacher Hitze erwärmen. Sternanis und Ingwerscheiben darin kurz anbraten, mit 2 EL Reiswein ablösen, dann etwa 950 ml Fleischbrühe zugießen. Den Fisch hineingeben und mit Salz würzen. Den Fisch mit der Brühe bei starker Hitze zum Kochen bringen, dann bei mittlerer Hitze etwa 5 Min. kochen. Den Fisch aus dem Wok nehmen, abtropfen lassen und auf einen Teller legen. Die Brühe aus dem Wok gießen.

3 Im Wok das restliche Öl erwärmen. Ingwerstreifen bei schwacher Hitze unter Rühren kurz anbraten, den restlichen Reiswein, Sojasauce und die restliche Fleischbrühe dazugeben. Die Brühe bei starker Hitze zum Kochen bringen, dann gleichmäßig über den Fisch gießen.

schnell **Gebratene Garnelen mit Tomaten**

(im Bild vorne)

Für 2 Personen:
400 g rohe geschälte Garnelen
50 g Frühlingszwiebeln
50 g Wasserkastanien (aus der Dose)
1–2 Tomaten (je nach Größe)
5 EL neutrales Pflanzenöl
50 g TK-Erbsen
Salz | 1 TL Zucker | 2 EL Reiswein
3 dünne Scheiben frischer Ingwer
1 EL Speisestärke

Zubereitungszeit: ca. 25 Min.
Pro Portion: ca. 430 kcal

1 Garnelen kalt abspülen, vom Darm befreien und trockentupfen. Frühlingszwiebeln putzen, waschen und würfeln. Wasserkastanien abtropfen lassen, in dünne Scheiben schneiden. Tomaten waschen, Stielansatz entfernen, das Fruchtfleisch in 2 cm große Stücke schneiden.

2 In einem Wok (oder in einer Pfanne) 2 ½ EL Öl erhitzen. Garnelen darin bei starker Hitze unter Rühren etwa 2 Min. braten, bis sie rot werden. Herausnehmen.

3 Übriges Öl erhitzen. Frühlingszwiebeln darin unter Rühren kurz anbraten und wieder herausholen. Tomaten in die Pfanne geben und bei starker Hitze unter Rühren etwa 2 Min. braten, bis sich Saft bildet. Wasserkastanien und Erbsen dazugeben. Frühlingszwiebeln untermischen.

4 Alles mit Salz, Zucker und Reiswein abschmecken. Den Ingwer schälen, zusammen mit den Garnelen untermischen und alles noch einmal 3–4 Min. bei starker Hitze unter Rühren braten. Ingwer entfernen. Die Stärke mit 5 EL Wasser verrühren, unterrühren und das Ganze einmal aufkochen lassen. Sofort servieren.

macht was her **Gebratene Tintenfische in Bohnensauce**

(im Bild hinten)

Für 4 Personen:
800 g küchenfertige Tintenfischtuben
4 Frühlingszwiebeln
8 Knoblauchzehen
1 walnussgroßes Stück frischer Ingwer
2 kleine rote Chilischoten
4 TL Austernsauce
2 TL Speisestärke
1/4 l Pflanzenöl zum Frittieren
4 EL schwarze Bohnenpaste
2 EL Reiswein

Zubereitungszeit: ca. 40 Min.
Pro Portion: ca. 270 kcal

1 Die Tintenfischtuben kalt abspülen. Jede Tube umstülpen und mit der Messerspitze kreuzweise einritzen, dann in 2 x 4 cm große Stücke schneiden. Kurz in kochendes Wasser tauchen, bis sich die Stücke krümmen, kalt abschrecken.

2 Die Frühlingszwiebeln putzen, waschen und in kurze Stücke schneiden. Grüne und weiße Teile dabei trennen. Knoblauch und Ingwer schälen, die Chilis putzen, aufschlitzen und die Samen entfernen. Alles fein hacken. Die Austernsauce mit der Stärke und 4 EL Wasser glatt rühren.

3 Das Öl in einem Wok (oder in einer Pfanne) erhitzen. Die Tintenfischstücke hineingeben, nach 10 Sek. wieder herausheben. Das Öl bis auf 2 EL abgießen, den Wok wieder erhitzen.

4 Die weißen Zwiebelteile, den Knoblauch und den Ingwer darin glasig werden lassen. Die Chilis und die Bohnenpaste einrühren. Das Tintenfischfleisch untermischen, einige Sekunden mitbraten. Die angerührte Stärke dazugießen und aufkochen. Mit dem Reiswein beträufeln, mit dem Zwiebelgrün bestreuen.

36

gelingt leicht **Pikante Aubergine**

(im Bild rechts)

Für 4 Personen:
1 Aubergine (etwa 300 g)
2 Frühlingszwiebeln
1 Scheibe frischer Ingwer (etwa 3 cm dick)
2 Knoblauchzehen
1 Ei | 8 ½ EL Speisestärke
Salz | 1 TL Reiswein
25 g scharfe Bohnenpaste
1 EL dunkle Sojasauce | 1 TL dunkler Reisessig
1 TL Zucker | 1 Prise Szechuan-Pfeffer
1/2 l Pflanzenöl zum Frittieren
150 ml Gemüsebrühe (Instant)

Zubereitungszeit: ca. 45 Min.
Pro Portion: ca. 355 kcal

1 Aubergine waschen, schälen, in 16 etwa 1 cm dicke Scheiben schneiden. Frühlingszwiebeln putzen und waschen, Ingwer und Knoblauch schälen, alles fein hacken. Das Ei mit 8 EL Stärke, 2 EL Wasser, 1 Prise Salz, Reiswein sowie der Hälfte Frühlingszwiebeln und Ingwer verrühren. Bohnenpaste, Sojasauce, Essig, Zucker und Szechuan-Pfeffer in einer Schüssel mischen.

2 Öl in einem Wok (oder in einer Pfanne) erhitzen. Es ist heiß genug, wenn an einem hineingehaltenen Holzkochlöffelstiel Bläschen aufsteigen **(Step 1)**. Auberginenscheiben durch den Teig ziehen **(Step 2)**, portionsweise 3–5 Min. im Öl frittieren **(Step 3)**. (Vorsicht, Spritzgefahr!) Herausnehmen, abtropfen lassen. Die Scheiben auf einem Teller anrichten und warm stellen.

3 Öl bis auf einen dünnen Film aus dem Wok gießen. Den Rest Frühlingszwiebeln und Ingwer mit dem Knoblauch darin unter Rühren anbraten. Die vorbereitete Sauce zugeben, die Brühe angießen, aufkochen lassen. 1/2 EL Stärke mit 1 EL Wasser anrühren, die Sauce damit binden. Die Sauce über die Auberginenscheiben gießen.

für Gäste **Gemüsepfanne**

(im Bild links)

Für 4 Personen:
12 g getrocknete Tongku-Pilze
4 Frühlingszwiebeln
250 g Staudensellerie ohne Grün
je 300 g Möhren und schlanke Zucchini
1 rote Paprikaschote
140 g Bambussprossen in Streifen
  (aus der Dose)
100 g Sojabohnensprossen
1 Knoblauchzehe | 50 g frischer Ingwer
4 EL Erdnussöl
1/2 TL Salz | 1 Prise Zucker
3 EL Sojasauce | schwarzer Pfeffer

Zubereitungszeit: ca. 1 Std.
Pro Portion: ca. 235 kcal

1 Die Pilze in 1/2 l heißem Wasser 30 Min. quellen lassen, dann die Stiele etwas abschneiden und die Köpfe ausdrücken. Einweichwasser aufbewahren. Alles Gemüse putzen und waschen, die Bambussprossen abtropfen lassen.

2 Frühlingszwiebeln und Staudensellerie in 3 cm lange Stifte und diese in feine Längsstreifen schneiden. Möhren in Stifte, Zucchini in dünne Scheiben schneiden. Paprikaschoten in Streifen schneiden. Knoblauch schälen und zerdrücken, Ingwer schälen und fein hacken.

3 Das Öl im Wok (oder in einer Pfanne) erhitzen, Knoblauch und Ingwer darin glasig braten. Frühlingszwiebeln und Staudensellerie zugeben, bei starker Hitze unter Rühren etwa 2 Min. braten.

4 Pilze, Möhren, Zucchini und Paprika 3–4 Min. mitbraten. 1/8 l der Pilzflüssigkeit zugießen und alles etwa 5–6 Min. garen. Mit Salz, Zucker, Sojasauce und Pfeffer sehr pikant abschmecken. Zuletzt die Bambus- und Sojabohnensprossen zufügen und weitere 2–3 Min. garen.

Tofu Szechuan

(im Bild vorne)

Für 4 Personen:
8 getrocknete Tongku-Pilze
500 g Tofu | Salz
1 Frühlingszwiebel
1 daumengroßes Stück frischer Ingwer
2 Knoblauchzehen
1 Möhre
1 kleine rote Chilischote
100 g Bambussprossen in Streifen
   (aus der Dose)
1/4 l Pflanzenöl zum Frittieren
1 EL eingelegter grüner Pfeffer
Zucker
3 EL dunkle Sojasauce

Zubereitungszeit: ca. 45 Min.
Pro Portion: ca. 325 kcal

1 Die Tongku-Pilze waschen und etwa 10 Min. in warmem Wasser einweichen. Den Tofu längs halbieren und rundherum mit Salz einreiben.

2 Die Frühlingszwiebel putzen, waschen und klein schneiden. Ingwer und Knoblauch schälen und hacken. Die Möhre schälen, waschen und in dünne Streifen schneiden. Chilischote putzen, aufschlitzen und die Samen entfernen, dann in sehr feine Ringe schneiden. Bambussprossen abtropfen lassen. Pilze entstielen und in Streifen schneiden, das Einweichwasser beiseite stellen.

3 Das Öl im Wok (oder in einer Pfanne) erhitzen, die Tofustücke darin goldgelb frittieren. Herausheben, etwas abkühlen lassen und in 3 cm große Würfel schneiden. Das Öl bis auf 3 EL aus dem Wok abgießen.

4 Den Wok wieder erhitzen. Frühlingszwiebeln, Ingwer und Knoblauch darin glasig werden lassen. Die übrigen vorbereiteten Zutaten einrühren, 2 Min. mitbraten. Den Tofu untermischen.

5 Das Gericht mit grünem Pfeffer, etwas Zucker und der Sojasauce würzen. Bei mittlerer Hitze noch etwa 5 Min. garen. Dann mit dem Pilzwasser ablöschen, und vor dem Servieren noch etwa 5 Min. weiterkochen lassen.

Tofu mit Lauch

(im Bild hinten)

Für 2 Personen:
250 g Tofu
1/2 Stange Lauch
3 EL neutrales Pflanzenöl | Salz
1 EL dunkle Sojasauce
1 EL Reiswein
150 ml Gemüsebrühe (Instant)
1 TL Speisestärke
1 TL Sesamöl

Zubereitungszeit: ca. 30 Min.
Pro Portion: ca. 295 kcal

1 Den Tofu kalt abspülen, trockentupfen und in etwa 5 cm lange, 3 cm breite und 2 cm dicke Stücke schneiden. Lauch putzen, waschen und leicht schräg in etwa 4 cm lange, 2 cm breite Stücke schneiden.

2 Das Öl in einem Wok (oder in einer Pfanne) erhitzen, die Tofustücke nebeneinander hineinlegen und bei mittlerer Hitze in 5–6 Min. auf beiden Seiten goldgelb braten; herausnehmen.

3 Den Lauch in das Restöl geben und bei schwacher Hitze kurz anbraten, Tofu dazugeben, mit Salz, Sojasauce und Reiswein würzen und die Brühe angießen. Bei mittlerer Hitze etwa 2 Min. kochen.

4 Die Stärke mit 3 TL Wasser anrühren, untermischen und gut verrühren, bis die Tofu-Lauch-Mischung leicht gebunden ist. Vor dem Servieren mit Sesamöl beträufeln.

Frühlingsgericht Spargel mit Mu-Err-Pilzen

(im Bild hinten)

Für 4 Personen:
10 g getrocknete Mu-Err-Pilze
300 g weißer Spargel | Salz
1 Stück Tofu (etwa 250 g)
1/4 l Pflanzenöl zum Frittieren
200 g Brokkoliröschen
1 EL Reiswein
100 ml Gemüsebrühe (Instant)
1 TL Sesamöl

Zubereitungszeit: ca. 45 Min.
Pro Portion: ca. 270 kcal

1 Mu-Err-Pilze in warmem Wasser etwa 20 Min. einweichen. Spargel waschen, schälen und in etwa 4 cm lange Stücke schneiden. In 1 l kochendem Salzwasser etwa 15 Min. garen.

2 Inzwischen Tofu kalt abspülen, trockentupfen und in etwa 4 cm lange, 2 cm breite und 1 cm dicke Scheiben schneiden. Das Öl in einem Wok (oder in einer Pfanne) bei starker Hitze in etwa 1 Min. heiß werden lassen. Tofu hineingeben und in etwa 3 Min. goldbraun frittieren. Herausnehmen und Fett abtropfen lassen.

3 Die Brokkoliröschen waschen und in einem Sieb abtropfen lassen. In 1/2 l kochendem Salzwasser zugedeckt etwa 2 Min. blanchieren. Herausnehmen und abtropfen lassen.

4 Den Spargel aus dem Topf nehmen, abtropfen lassen. Mu-Err-Pilze aus dem Einweichwasser nehmen, gründlich waschen, abtropfen lassen und in etwa 1/2 cm breite Streifen schneiden.

5 Öl bis auf einen dünnen Film aus dem Wok gießen. Den Ölfilm bei mittlerer Hitze erneut heiß werden lassen. Spargelstücke, Mu-Err-Pilze, Tofu und Brokkoliröschen hineingeben.

6 Das Gemüse unter Rühren etwa 1 Min. braten, Reiswein und Gemüsebrühe angießen. Alles unter Rühren aufkochen. Mit Salz abschmecken, mit Sesamöl beträufeln und servieren.

aus Szechuan Mais mit Pinienkernen

(im Bild vorne)

Für 3 Personen:
1/2 grüne Paprikaschote
2 frische rote Chilischoten
2 EL neutrales Pflanzenöl
100 g Pinienkerne
400 g Maiskörner (aus der Dose)
Salz | 75 ml Gemüsebrühe (Instant)
1 TL Speisestärke

Zubereitungszeit: ca. 20 Min.
Pro Portion: ca. 735 kcal

1 Paprikaschote putzen, waschen und in etwa 1 cm große Stücke schneiden. Die Chilischoten putzen, aufschlitzen und die Samen entfernen, dann die Chili ebenfalls in etwa 1 cm große Stücke schneiden. (Vorsicht, Hände nicht an die Augen bringen und gründlich waschen!)

2 In einem Wok (oder in einer Pfanne) 1 EL Öl erhitzen. Pinienkerne darin bei schwacher Hitze unter Rühren anbraten, bis sie leicht goldbraun sind. Herausnehmen und beiseite stellen.

3 Das restliche Öl in den Wok geben. Die Chilistücke darin bei mittlerer Hitze unter Rühren kurz anbraten, dann Paprikastücke und abgetropften Mais hineingeben. Beides ebenfalls unter Rühren etwa 1 Min. garen. Zuletzt die Pinienkerne dazugeben. Mit Salz würzen und die Gemüsebrühe angießen.

4 Alles kurz aufkochen lassen. Die Stärke mit 1 EL Wasser anrühren, unterrühren, etwas andicken lassen und das Gericht servieren.

schnell Sauerscharfe Suppe

(im Bild vorne)

Für 4 Personen:
4 getrocknete Mu-Err-Pilze
1 rote Paprikaschote
100 g Bambussprossen in Streifen
(aus der Dose)
150 g mageres Rindfleisch
1/2 Stange Lauch | 20 g Glasnudeln
2 EL Öl | 800 ml Hühnerbrühe (Instant)
2 EL Speisestärke
3 EL Sojasauce | 1 EL Reiswein
1 EL milder Weinessig
2 Eier | Salz | Pfeffer
einige Tropfen Tabasco

Zubereitungszeit: ca. 30 Min.
Pro Portion: ca. 220 kcal

1 Pilze in warmem Wasser 10 Min. einweichen. Paprika waschen, putzen und fein würfeln. Bambussprossen abtropfen lassen. Das Fleisch in feine Streifen schneiden. Pilze aus dem Wasser nehmen, ebenfalls in feine Streifen schneiden.

2 Den Lauch putzen, waschen, der Länge nach halbieren und schräg in feine Streifen schneiden. Die Glasnudeln klein schneiden.

3 Das Öl in einem Topf erhitzen. Fleisch, Bambussprossen und Lauch darin unter Rühren kurz anbraten. Pilze und Glasnudeln untermischen und kurz ziehen lassen.

4 Die Hühnerbrühe zum Fleisch und Gemüse gießen, alles zum Kochen bringen. Die Stärke mit etwas kaltem Wasser verrühren. Sojasauce, Reiswein, Weinessig und angerührte Stärke in die Suppe geben, alles 1 Min. kochen lassen.

5 Die Eier verquirlen und in die Suppe fließen lassen. Mit Salz, Pfeffer und Tabasco würzen, mit Paprikawürfeln bestreut servieren.

gelingt leicht Wan-Tan-Suppe

(im Bild hinten)

Für 4 Personen:
250 g TK-Wan-Tan-Teig
1 Scheibe frischer Ingwer (etwa 2 cm dick)
1 kleiner Bund Schnittlauch
200 g Schweinehackfleisch
Salz | weißer Pfeffer
1 EL Reiswein
2 TL Sesamöl
1 Ei

Zubereitungszeit: ca. 30 Min.
Pro Portion: ca. 275 kcal

1 Wan-Tan-Teig auftauen lassen. Ingwer schälen und ganz fein hacken. Schnittlauch waschen, trockenschütteln und fein hacken. Für die Füllung Hackfleisch mit Ingwer, Salz, 1 Prise Pfeffer, Reiswein, 1 TL Sesamöl und Ei gut vermengen.

2 Die Wan-Tan-Teigscheiben vorsichtig voneinander lösen. Etwas Füllung auf die Mitte jeder Teigscheibe legen, die Teigränder mit Wasser anfeuchten und zusammenklappen. Mit einem feuchten Tuch bedecken.

3 In vier Suppenschalen je 1 große Prise Salz und Pfeffer geben. In einem Topf 2 l Wasser zum Kochen bringen. Die Schalen zu je einem Drittel mit kochend heißem Wasser füllen.

4 Die gefüllten Wan-Tan in das restliche kochende Wasser geben. Bei starker Hitze offen garen. Wenn die Wan-Tan aufsteigen, 150 ml kaltes Wasser hinzufügen. Dann etwa 2 Min. bei mittlerer Hitze weiterkochen.

5 Wan-Tan mit einem Schaumlöffel aus dem Wasser nehmen, je sechs Stück in die Schälchen geben, mit der Kochbrühe auffüllen. Vor dem Servieren mit Sesamöl beträufeln und mit Schnittlauch bestreuen.

Thailand

»Sanuk« und Genuss

»Sanuk« bedeutet übersetzt soviel wie »Spaß« – ein sehr wichtiges und allgegenwärtiges Wort in Thailand, denn »Sanuk« ist dort gewissermaßen Lebensprinzip. Kein Wunder also, dass man in Thailand einem gastfreundlichen, höflichen und außerordentlich fröhlichen Menschenschlag begegnet. Der darüber hinaus gerne und viel übers Essen redet, denn eine gute Mahlzeit macht nicht nur satt, sondern eben auch fröhlich – ein guter Grund, sich mit der thailändischen Küche, die manchen als die beste der Welt gilt, etwas näher zu befassen.

Regionale Vielfalt

Manche Gerichte sind in Thailand so bekannt, dass sie überall im Land verbreitet sind – so zum Beispiel »Yam Nüa«, Rindfleischsalat mit Koriander (siehe S. 51). Dennoch verfügt jede der vier großen Regionen natürlich über ganz eigene Spezialitäten. Im Norden sind das etwa fette Naem-Würste, die man geschmacklich am ehesten mit Zwiebelmettwürsten vergleichen kann. Klebreis mit Geflügel oder Fisch steht dagegen im Nordosten oft auf dem Speiseplan. In Bangkok und der Zentralregion liebt man scharfe Currys mit Kokosmilch, und im Süden kommen Fisch und Meeresfrüchte häufig auf den Tisch.

Gesund und schnell

So verschieden die einzelnen Regionalküchen aber auch sein mögen – drei Dinge sind ihnen allen gemeinsam: Zum einen wird generell wenig Fett verwendet, und zum anderen verfügt die thailändische Küche über viele fleischlose Gerichte. Darüber hinaus sind die Thais Fans der schnellen Küche, was sie für den aus China kommenden Wok sicher besonders empfänglich gemacht hat. In Rezepten wie »Pad Paak Ruamit«, pfannengerührtem Gemüse (siehe S. 69), vereinen sich alle diese drei Punkte: Für dieses vegetarische Gericht wird das Gemüse ganz frisch mit wenig Öl im Wok zubereitet, so dass es knackig bleibt und Farbe, Form, Aroma und vor allem seine Inhaltsstoffe behält. Vom Gemüseputzen einmal abgesehen ist es außerdem ruckzuck zubereitet.

Speisenfolge

In Thailand besteht eine Hauptmahlzeit nicht aus verschiedenen Gängen, sondern alle Gerichte werden gleichzeitig serviert, und man stellt sich das Essen ganz individuell zusammen. Dabei wird dem Prinzip der ausgewogenen Vielfalt gefolgt: So steht einem milden Gericht ein scharfes gegenüber, einem gegrillten ein gedämpftes usw. In jedem Fall aber bildet eine große Schüssel Reis den dampfenden Mittelpunkt der Tafel.

Getränke

Frisches Wasser ist in Thailand das Standardgetränk zum Essen. Abwechslung alkoholischer Art bieten Bier, thailändischer Whisky oder Wein, der allerdings sehr süß ist.

Eatguide

In vielen, vor allem in den ländlichen Gegenden Thailands wird auch heute noch mit den Händen gegessen: Der Reis wird mit den Fingern der rechten Hand zu kleinen Kugeln geformt und dann in die verschiedenen Gerichte und Saucen getunkt. Ansonsten wird mit Gabel und Löffel gegessen, wobei die Gabel lediglich dazu dient, das Essen auf den Löffel zu schieben. Ess-Stäbchen werden nur zu chinesischen Nudelgerichten gereicht. In Thailand gilt es übrigens als unhöflich, seinen Teller ganz leer zu essen, denn das signalisiert den Gastgebern, sie hätten zu wenig aufgetischt. Darum wird immer ein kleiner »Anstandshappen« auf dem Teller zurückgelassen.

46

Frühlingsrollen

(im Bild vorne)

Für 5 Personen:
20 TK-Teigstücke für Frühlingsrollen
  (je 20 x 20 cm)
100 g Glasnudeln
100 g Weißkohl | 50 g Möhren
2 Knoblauchzehen
2 EL neutrales Pflanzenöl
250 g gemischtes Hackfleisch
2 EL Fischsauce
1 EL Zucker
2 EL Austernsauce
1 l Pflanzenöl zum Frittieren

Zubereitungszeit: ca. 1 Std.
Pro Portion: ca. 575 kcal

1 Frühlingsrollenteig auftauen lassen. Die Glas-nudeln in warmem Wasser etwa 10 Min. einwei-chen. Dann abtropfen lassen und mit der Schere klein schneiden. Weißkohl und Möhren putzen, waschen und in feine Streifen schneiden. Knob-lauch schälen und durch die Presse drücken.

2 Das Öl in einer Pfanne erhitzen. Den Knob-lauch darin kurz braten. Das Hackfleisch hin-zugeben und etwa 2 Min. unter Rühren bei starker Hitze durchbraten. Den Weißkohl, die Möhren und die Glasnudeln dazugeben. Mit der Fischsauce, dem Zucker und der Aus-ternsauce würzen und etwa 3 Min. bei mittlerer Hitze weiterbraten. Dann abkühlen lassen.

3 Je 2 EL Füllung in die Mitte der Teigstücke geben **(Step 1)**. Die Seiten darüber schlagen **(Step 2)** und den Teig längs vorsichtig, aber fest aufrollen **(Step 3)**.

4 Das Öl in einem Topf erhitzen. Es ist heiß genug, wenn an einem hineingehaltenen Holz-kochlöffelstiel Bläschen aufsteigen. Frühlings-rollen im heißen Öl etwa 3 Min. frittieren.

Besonders *clever!*

Frühlingsrollen schmecken noch besser, wenn man sie in eine **süß-sauer-scharfe Sauce** *dippt: Für 4 Portionen 1/2 rote Papri-kaschote putzen und waschen. 1 Knoblauch-zehe schälen. 2 rote Chilis von den Stielen befreien, waschen. Paprika, Knoblauch und Chilis im Mörser zerstoßen, dann mit 1/4 l Wasser, 10 EL hellem Reisessig und 10 EL Zucker offen bei mittlerer Hitze etwa 30 Min. leicht sämig einkochen lassen.*

Hackfleisch-plätzchen mit Mais

(im Bild hinten)

Für 4 Personen:
1 Dose Mais (340 g)
100 g gemischtes Hackfleisch
1 TL Salz | 1/2 TL Pfeffer | 1 Eigelb | 1 TL Zucker
2 EL Mehl | 2 Knoblauchzehen
etwas Paniermehl zum Wenden
1 l Pflanzenöl zum Ausbacken

Zubereitungszeit: ca. 40 Min.
Pro Portion: ca. 615 kcal

1 Den Mais gut abtropfen lassen und zusätzlich mit Küchenpapier abtupfen. Das Hackfleisch mit Salz und Pfeffer, Eigelb, Zucker, Mehl und den Maiskörnern mischen. Den Knoblauch schälen und durch die Knoblauchpresse dazudrücken.

2 Je 1 EL der Hackfleischmasse zu einem etwa 4 cm großen Plätzchen formen, in dem Panier-mehl wenden und dieses leicht anklopfen.

3 Das Öl in einem Topf erhitzen. Es ist heiß genug, wenn an einem Holzkochlöffelstiel, den Sie ins Fett tauchen, kleine Bläschen aufsteigen. Die Hackfleischplätzchen im Öl etwa 3 Min. ausbacken, dann auf Küchenpapier entfetten.

für Gäste **Fleischspießchen**

(im Bild vorne)

Für 4 Personen:
500 g Schweinefleisch (Nuss)
150 g geröstete Erdnüsse
etwa 40 Holzspießchen
2 cm frischer Galgant (ersatzweise Ingwer)
1 Stängel Zitronengras
je 1 TL Koriander- und Kreuzkümmelsamen
1½ TL Salz | 1/2 TL schwarzer Pfeffer
1 EL Zucker | 1 EL Currypulver
1 Dose ungesüßte Kokosmilch (400 ml)
2 EL rote Currypaste | 3 EL Pflanzenöl
3 EL Palmzucker | 3 EL heller Reisessig

Zubereitungszeit: ca. 1 Std.
Marinierzeit 1 Std.
Pro Portion: ca. 500 kcal

1 Das Fleisch quer zur Faser im möglichst dünne Scheiben, dann diese in 10 x 3 cm große Streifen schneiden. Die Erdnüsse im Mörser zerstampfen. Holzspießchen in Wasser einlegen.

2 Galgant schälen und hacken, Zitronengras in dünne Scheiben schneiden. Beides mit Koriander und Kreuzkümmel im Mörser zerstampfen. Das Fleisch damit würzen. 1/2 TL Salz, den Pfeffer, 1 EL Zucker, das Currypulver und 3 EL dicke Kokosmilch untermischen. Das Fleisch darin mindestens 1 Std. marinieren, dann längs ziehharmonikaartig auf die Spießchen stecken.

3 Currypaste im Öl kurz anbraten, übrige Kokosmilch einrühren, etwa 1 Min. kochen lassen. Erdnüsse, Palmzucker, 1 TL Salz und den Essig zugeben. Die Sauce bei schwacher Hitze etwa 15 Min. köcheln lassen, bis sie sämig ist.

4 Die Spießchen im Backofen bei 200° garen, bis sie gebräunt sind. Mit der lauwarmen Erdnuss-Sauce servieren. Dazu passt gut ein chili-scharfer Gurkensalat.

knusprig **Gebackene Garnelen**

(im Bild hinten)

Für 4 Personen:
500 g mittelgroße rohe Garnelen
ohne Kopf
3 EL helle Sojasauce
1/2 TL schwarzer Pfeffer
100 g Tempuramehl
1 TL Salz
1 l Pflanzenöl zum Ausbacken
Sweet & Sour Sauce (Fertigprodukt)

Zubereitungszeit: ca. 30 Min.
Marinierzeit: 30 Min.
Pro Portion: ca. 440 kcal

1 Garnelen schälen, der Schwanz bleibt am Körper, am Rücken längs einschneiden und den dünnen Darm entfernen. Garnelen waschen, trockentupfen, mit Sojasauce und Pfeffer einreiben und etwa 30 Min. zugedeckt im Kühlschrank marinieren.

2 Das Tempuramehl zusammen mit etwas Salz und knapp 1/4 l Wasser mit einem Schneebesen langsam zu einem dickflüssigen Teig ohne Klumpen anrühren.

3 Das Öl in einem Topf erhitzen. Es ist heiß genug, wenn an einem hineingehaltenen Holzkochlöffelstiel kleine Bläschen aufsteigen.

4 Garnelen am Schwanzende fassen, durch den Tempuramehlteig ziehen und ins heiße Fett geben. Bei mittlerer Hitze in etwa 1 Min. goldbraun ausbacken. Mit einem Schaumlöffel herausnehmen und auf Küchenpapier entfetten. Mit Sweet & Sour Sauce servieren.

Tauschbörse
Wem Garnelen zu exklusiv sind: Festfleischiges **Fischfilet** (z. B. Kabeljau, Seelachs) in Würfeln lässt sich ebenso gut ausbacken.

Pikanter Hähnchenbrustsalat

(im Bild hinten)

Für 4 Personen:
2 EL ungegarter Klebreis
10 Schalotten
1 Bund Schnittlauch
40 frische Minzeblätter
500 g Hähnchenbrustfilet
einige Salatblätter
2 TL Chilipulver
4 EL Fischsauce
1 TL Zucker
4 EL Limettensaft

Zubereitungszeit: ca. 25 Min.
Pro Portion: ca. 185 kcal

1 Klebreis in einer schweren Pfanne ohne Öl bei mittlerer Hitze etwa 3 Min. rösten, bis er braun geworden ist. Abkühlen lassen und im Mörser oder Mixer fein zerkleinern. Etwa 1 l Wasser in einem Topf zum Kochen bringen.

2 Schalotten schälen und in feine Ringe schneiden. Schnittlauch waschen, trockenschütteln und klein schneiden. Minzeblätter waschen, trockenschütteln, 20 Blätter zur Seite legen und die andere Hälfte klein hacken.

3 Hähnchenbrustfilet kalt abwaschen, trockentupfen, ins kochende Wasser legen und 5 Min. bei schwacher Hitze gar ziehen lassen. Herausnehmen und mit zwei Gabeln in etwa 4 cm lange und 1/2 cm breite Streifen zerpflücken. Salatblätter waschen und trockenschütteln.

4 Hähnchenstreifen mit gestampftem Klebreis, Schalotten, Chilipulver, Schnittlauch, gehackten Minzeblättern, Fischsauce, Zucker und Limettensaft gut vermischen. Die Mischung auf den Salatblättern anrichten, mit den restlichen Minzeblättern garnieren.

Rindfleischsalat mit Koriander

(im Bild vorne)

Für 4 Personen:
3 Knoblauchzehen
5 frische thailändische Chilischoten
4 EL Fischsauce
4 EL Limettensaft
1 EL Zucker
2 mittelgroße Zwiebeln
1 Bund Schnittlauch
1 Stängel Koriandergrün
500 g Rinderfilet
2 EL neutrales Pflanzenöl

Zubereitungszeit: ca. 50 Min.
Pro Portion: ca. 235 kcal

1 Für die Sauce den Knoblauch schälen, die Chilischoten waschen und entstielen. (Vorsicht, Hände nicht an die Augen bringen und gründlich waschen!) Knoblauch und Chilischoten im Mörser zerstoßen und in eine Schüssel geben. Die Mischung mit Fischsauce, Limettensaft und Zucker verrühren.

2 Die Zwiebeln schälen, längs halbieren und in feine Streifen schneiden. Schnittlauch waschen, trockenschütteln und in etwa 3 cm lange Stücke schneiden. Koriandergrün waschen, trockenschütteln und grob hacken.

3 Das Rinderfilet trockentupfen und in etwa 2 cm dicke Steaks schneiden. Das Öl in einem Wok (oder in einer Pfanne) sehr heiß werden lassen und Fleischstücke darin bei starker Hitze pro Seite etwa 3 Min. medium braten. Die Steaks abkühlen lassen und dann in dünne Streifen schneiden.

4 Rindfleischstreifen, Zwiebeln, Schnittlauch und Koriandergrün in die Schüssel zur Marinade geben und alles gut durchmischen.

Klassiker # Hühnersuppe mit Zitronengras

Für 4 Personen:
2 Stängel frisches Zitronengras
5 cm frischer Galgant (ersatzweise Ingwer)
3 Kaffirlimettenblätter | 2 mittelgroße Tomaten
250 g Austernpilze oder Champignons
3 frische thailändische Chilischoten
500 g Hähnchenbrustfilet
1 Dose ungesüßte Kokosmilch (400 ml)
Koriandergrün zum Garnieren
je 4 EL Limettensaft und Fischsauce

Zubereitungszeit: ca. 40 Min.
Pro Portion: ca. 195 kcal

1 Zitronengras waschen, in 3 cm lange Stücke, geschälten Galgant in dünne Scheiben schneiden. Limettenblätter waschen, trockentupfen.

2 Pilze putzen und in mundgerechte Stücke schneiden. Tomaten waschen, vierteln, von den Stielansätzen befreien. Chilis waschen, Stielansatz entfernen, Chilis in dünne Ringe schneiden. (Vorsicht, Hände nicht an die Augen bringen und gründlich waschen!) Hähnchenfleisch kalt abspülen und in 1 cm breite und 4 cm lange Streifen schneiden.

3 Die Kokosmilch in einem Topf erhitzen. Zitronengras, Kaffirlimetttenblätter und Galgantscheiben zugeben, alles bei mittlerer Hitze offen etwa 2 Min. kochen lassen. 3/4 l Wasser dazugießen, erhitzen. Hähnchenstreifen, Pilze und Tomatenviertel dazugeben, bei schwacher Hitze etwa 5 Min. köcheln lassen. Die Galgantstückchen herausfischen. Koriandergrün waschen, trockenschütteln und die Blättchen abzupfen.

4 Chiliringe, Limettensaft und Fischsauce in eine Suppenschüssel geben, heiße Suppe dazugießen, mit Koriandergrün garniert servieren.

Fischsuppe mit Kokosmilch

Für 4–6 Personen:
500 g Fischfilet (Seelachs, Kabeljau
    oder Rotbarsch)
6 EL Fischsauce | 1/2 TL schwarzer Pfeffer
2 Stängel frisches Zitronengras
5 cm frischer Galgant (ersatzweise Ingwer)
6 Kaffirlimettenblätter
3 Stängel Koriandergrün
5 frische thailändische Chilischoten
2 Dosen ungesüßte Kokosmilch (je 400 ml)
4 EL Limettensaft

Zubereitungszeit: ca. 30 Min
Bei 6 Personen pro Portion: ca. 100 kcal

1 Die Fischfilets trockentupfen und in mundgerechte Stücke schneiden. In einer Schüssel mit 2 EL Fischsauce und Pfeffer vermischen und etwa 20 Min. zugedeckt im Kühlschrank marinieren.

2 Inzwischen Zitronengras, Galgant und Kaffirlimettenbläter waschen. Zitronengras in etwa 3 cm lange Stücke, Galgant schälen und in dünne Scheiben schneiden. Limettenblätter vierteln. Koriandergrün waschen, trockenschütteln und fein hacken. Chilis waschen, entstielen und in feine Ringe schneiden. (Vorsicht, Hände nicht an die Augen bringen und gründlich waschen!)

3 Die Kokosmilch in einen Topf geben und mit Zitronengras, Galgant und Limettenblättern aufkochen lassen. Fischstücke und 4 EL Fischsauce dazugeben, alles etwa 2 Min. bei mittlerer Hitze kochen lassen.

4 Die Suppe in eine Schüssel geben, Limettensaft, Chiliringe und Koriandergrün dazugeben, gut verrühren. Vor dem Servieren den Galgant herausfischen.

gelingt leicht Reis mit gelbem Currypulver
(im Bild hinten)

Für 4 Personen:
400 g Hähnchenbrustfilet
1 EL Currypulver | 4 EL Fischsauce
3 mittelgroße fest kochende Kartoffeln
einige Eissalatblätter zum Garnieren
1/2 Salatgurke
5 Schalotten | 8 EL neutrales Pflanzenöl
750 g gekochter abgekühlter Reis
   (aus 250 g ungekochtem thai-
   ländischem Reis)

Zubereitungszeit: ca. 30 Min.
Marinierzeit: 20 Min.
Pro Portion: ca. 580 kcal

1 Die Hähnchenbrust kalt abspülen, trocken-tupfen und in mundgerechte Würfel schneiden. Currypulver mit 1 EL Fischsauce verrühren, die Fleischwürfel untermischen und etwa 20 Min. zugedeckt im Kühlschrank marinieren.

2 Inzwischen die Kartoffeln schälen und in 2 cm große Würfel schneiden. In kochendem Wasser in etwa 20 Min. nicht zu weich garen. In ein Sieb gießen und zur Seite stellen. Die Salatblätter waschen und trockenschütteln. Gurke waschen und in dünne Scheiben schneiden.

3 Die Schalotten schälen, halbieren und in Scheiben schneiden. Öl in einem Wok (oder in einer Pfanne) stark erhitzen. Die Schalotten darin bei starker Hitze kurz anbraten.

4 Die marinierten Hähnchenbrustwürfel und die Kartoffelwürfel hinzufügen. Bei starker Hitze unter Rühren etwa 2 Min. garen. Reis und 3 EL Fischsauce dazugeben, alles gut vermischen, bei mittlerer Hitze in etwa 2 Min. heiß werden lassen. Salatblätter und Gurkenscheiben auf einer Platte anrichten, das Gericht darauf geben.

aromatisch Reis mit Meeresfrüchten
(im Bild vorne)

Für 4 Personen:
500 g gemischte küchenfertige Meeres-
   früchte (Garnelen, Tintenfisch, Filets
   von Meeresfischen)
8 Knoblauchzehen | 3 Frühlingszwiebeln
2 mittelgroße Tomaten
3 Stängel Koriandergrün | 1 Salatgurke
5 EL neutrales Pflanzenöl
750 g gekochter, abgekühlter Reis
   (aus 250 g ungekochtem thai-
   ländischem Reis)
3 EL Fischsauce | 2 EL Tomatenketchup
1 TL Zucker

Zubereitungszeit: ca. 25 Min.
Pro Portion: ca. 400 kcal

1 Die Meeresfrüchte kalt abspülen und gut abtropfen lassen. Knoblauch schälen und fein hacken. Frühlingszwiebeln putzen, waschen, der Länge nach halbieren und in etwa 3 cm lange Stücke schneiden. Tomaten waschen und achteln, dabei den Stielansatz entfernen.

2 Koriandergrün waschen, trockenschütteln und grob hacken. Gurke schälen und in etwa 1/2 cm dicke Scheiben schneiden.

3 Das Öl in einem Wok (oder in einer Pfanne) erhitzen, Knoblauch darin bei mittlerer Hitze in etwa 2 Min. goldgelb braten. Meeresfrüchte hinzugeben und bei starker Hitze etwa 2 Min. durchschwenken. Reis, Fischsauce, Tomaten-ketchup, Tomatenachtel, Frühlingszwiebeln und Zucker beigeben, alles etwa 2 Min. unter ständigem Rühren weiterschmoren.

4 Das Gericht auf einer Platte anrichten, mit den Gurkenscheiben garnieren, das gehackte Koriandergrün darüber streuen.

Pfannengerührte Nudeln

Für 4-6 Personen:
**400 g mittelgroße rohe Garnelen
   mit Kopf und Schwanz**
3 EL Fischsauce
1/2 TL schwarzer Pfeffer
3 Knoblauchzehen
5 Schalotten
100 g geröstete, gesalzene Erdnüsse
100 g schnittfester Tofu
500 g Sojabohnensprossen
3 große grüne Lauchblätter
2 Limetten
200 g feine Reisnudeln (1/2 cm breit)
6 EL neutrales Pflanzenöl
50 g getrocknete Shrimps
2 Eier
2 EL heller Reisessig
2 EL Zucker
2 EL helle Sojasauce
Außerdem:
etwas Chilipulver, etwas Zucker

Zubereitungszeit: ca. 1 Std.
Bei 6 Personen pro Portion: ca. 705 kcal

1 Die Garnelen von Kopf und Schale befreien **(Step 1 u. 2)**, dabei das Schwanzende am Körper lassen. Garnelen am Rücken längs einschneiden und den Darm entfernen **(Step 3)**. Mit 1 EL Fischsauce und Pfeffer vermischen, dann etwa 10 Min. lang marinieren.

2 Inzwischen Knoblauch und Schalotten schälen und klein hacken. Die Erdnüsse im Mörser oder Mixer grob zerkleinern.

3 Den Tofu kalt abspülen, trockentupfen und in etwa 1/2 cm große Würfel schneiden. Sojabohnensprossen waschen und beiseite stellen. Lauchblätter waschen und in etwa 4 cm lange und 1/2 cm breite Streifen schneiden. Limetten heiß waschen und vierteln.

4 In einem Topf Wasser zum Kochen bringen. Die Reisnudeln darin etwa 2 Min. sprudelnd kochen lassen, sofort in ein Sieb gießen und kalt abspülen.

5 Öl in einem Wok (oder in einer Pfanne) erhitzen. Knoblauch, Schalotten, Tofu und getrocknete Shrimps darin bei starker Hitze 1–2 Min. anbraten. Garnelen hinzufügen, etwa 1 Min. durchschwenken und dann alles an den Rand schieben.

6 Die Eier in die freie Fläche des Woks schlagen, verrühren und bei mittlerer Hitze etwa 3 Min. braten, bis sie leicht braun geworden sind. Anschließend mit den anderen Zutaten in der Pfanne gut vermischen.

7 Nudeln, die Hälfte der Sojabohnensprossen, Lauch, Essig, Zucker, 2 EL Fischsauce sowie die Sojasauce dazugeben, alles schnell verrühren, heiß werden lassen und auf einer Platte anrichten. Das Gericht mit zerkleinerten Erdnüssen bestreuen.

8 Die übrigen Sojabohnensprossen etwa 1 Min. blanchieren. In zwei Schälchen die Sojabohnensprossen und die Limettenviertel anrichten. Dazu wird je ein kleines Schälchen Chilipulver und Zucker gereicht.

57

Besonders *clever!*

*Tofu ist zwar relativ geschmacksneutral, nimmt aber sehr gut fremde Aromen an. Das tut er noch besser, wenn Sie ihn 2 Std. ins **Gefrierfach** legen, dann herausnehmen und auftauen lassen. Durch das Einfrieren entstehen im Tofu nämlich viele kleine Löcher, durch die bei der Zubereitung viel Geschmack eindringen kann.*

schnell **Eiernudeln mit Sojabohnensprossen**

(im Bild hinten)

Für 4 Personen:
300 g chinesische Eiernudeln (Mie)
200 g Sojabohnensprossen
2 Frühlingszwiebeln
3 Knoblauchzehen
50 g roher Schinken
3 EL neutrales Pflanzenöl
2 EL Fischsauce
2 EL Austernsauce
1 EL Zucker

Zubereitungszeit: ca. 20 Min.
Pro Portion: ca. 560 kcal

1 In einem Topf reichlich Wasser zum Kochen bringen. Nudeln hineingeben und etwa 4 Min. nach Packungsanweisung garen. In ein Sieb gießen, mit kaltem Wasser kurz abspülen und gründlich abtropfen lassen.

2 Die Sojabohnensprossen waschen, eventuell braune Enden abschneiden. Frühlingszwiebeln putzen, waschen, der Länge nach halbieren und in etwa 3 cm lange Stücke schneiden. Knoblauch schälen und fein hacken. Schinken in kleine Würfel schneiden.

3 Das Öl in einem Wok (oder in einer Pfanne) erhitzen, Knoblauch und Schinken darin bei mittlerer Hitze etwa 1 Min. anbraten. Abgetropfte Nudeln dazugeben, gut untermischen und alles etwa 1 Min. braten.

4 Die Sojabohnensprossen, Frühlingszwiebeln, Fisch- und Austernsauce sowie den Zucker hinzufügen, alles gut vermischen und bei mittlerer Hitze etwa 2 Min. garen, bis die Zutaten heiß sind. Die Sojasprossen sollten noch knackig sein. Das Gericht sofort servieren.

festlich **Reisnudeln mit Tintenfisch**

(im Bild vorne)

Für 4 Personen:
500 g küchenfertige Tintenfischtuben
200 g Brokkoli
5 Knoblauchzehen
2 mittelgroße Zwiebeln
200 g Reisnudeln (1–2 cm breit)
8 EL neutrales Pflanzenöl
2 EL süße Sojasauce (Kecap manis)
3 EL Fischsauce
1 EL Zucker
Außerdem:
etwas Zucker, etwas Chilipulver

Zubereitungszeit: ca. 25 Min.
Pro Portion: ca. 460 kcal

1 Die Tintenfischtuben kalt abspülen, trockentupfen und in Streifen von etwa 5 x 2 cm schneiden. Den Brokkoli putzen, in Röschen teilen und waschen. Stiele schälen, von holzigen Stellen befreien und in feine Scheiben schneiden. Knoblauch schälen und fein hacken. Die Zwiebeln schälen und vierteln.

2 In einem Topf reichlich Wasser zum Kochen bringen. Nudeln in etwa 3 Min. blanchieren. In ein Sieb gießen, mit kaltem Wasser abspülen und gut abtropfen lassen. Öl in einem Wok (oder in einer Pfanne) erhitzen. Knoblauch, Zwiebelviertel und Tintenfischstücke hineingeben und bei starker Hitze etwa 1 Min. braten. Dabei ständig rühren.

3 Den Brokkoli dazugeben und alles nochmals etwa 2 Min. braten. Nudeln, Soja- und Fischsauce sowie den Zucker dazugeben, alles gut verrühren und heiß werden lassen. Zu dem Gericht je ein kleines Schälchen Zucker und Chilipulver reichen: Jeder schmeckt nach Belieben ab.

scharf Drei-Freunde-Curry

(im Bild hinten)

Für 4–6 Personen:
200 g Schweinefleisch (Oberschale)
200 g Rinderschmorfleisch (Hüfte)
200 g Hähnchenbrustfilet
1 Dose ungesüßte Kokosmilch (400 ml)
2 EL Massaman-Currypaste
1 daumengroßes Stück frischer Ingwer
2 Knollen eingelegter Knoblauch
4 EL Fischsauce | 3 EL Palmzucker

Zubereitungszeit: ca. 1 Std.
Bei 6 Personen pro Portion: ca. 305 kcal

1 Schweine-, Rind- und Hähnchenfleisch getrennt quer zur Faser in Streifen von etwa 4 cm Länge und 1 cm Breite schneiden.

2 Von der dickeren Schicht oben auf der Kokosmilch 4 EL aufkochen lassen, etwa 1 Min. bei mittlerer Hitze köcheln lassen. Die Currypaste einrühren. Rindfleisch, 1/8 l Wasser und übrige Kokosmilch zugeben, 30 Min. halb geöffnet köcheln lassen. Ingwer und Knoblauch schälen, in feine Streifen schneiden und beiseite stellen.

3 Hähnchen- und Schweinefleisch, Fischsauce und Palmzucker zum Rindfleisch geben und alles etwa 10 Min. bei mittlerer Hitze köcheln lassen. In einer Schüssel anrichten, Knoblauchscheiben und Ingwerstreifen darauf verteilen.

Besonders clever!

*Wenn Sie im Asienladen keine **Massaman-Currypaste** bekommen, machen Sie sie einfach selber: 8 getrocknete Chilis längs halbieren. Stiel und Samen entfernen, in lauwarmem Wasser 5 Min. einweichen, dann gut ausdrücken. 1 EL Koriander- und 1 TL Kreuzkümmelsamen in einer Pfanne ohne Fett*

gelingt leicht Schweinefilet auf Ananas

(im Bild vorne)

Für 4–6 Personen:
**4 große Scheiben Ananas, geschält
  (etwa 1 cm dick, frisch oder aus der Dose)**
800 g Schweinefilet
1 TL Salz | 1/2 TL schwarzer Pfeffer
2 EL süße Sojasauce (Kecap manis)
2 EL brauner Zucker | 1 EL Mehl
2 EL heller Reisessig | 10 EL Ananassaft
3 EL neutrales Pflanzenöl | 2 Lorbeerblätter

Zubereitungszeit: ca. 30 Min.
Marinierzeit: 1 Std.
Bei 6 Personen pro Portion: ca. 225 kcal

1 Ananasscheiben aus der Dose abtropfen lassen, den Saft auffangen. Das Fleisch quer zur Faser in etwa 1 cm dicke Scheiben schneiden, leicht klopfen, mit Salz, Pfeffer, Sojasauce, Zucker, Mehl, Essig und Ananassaft mischen. 1 Std. zugedeckt im Kühlschrank marinieren.

2 Öl in einem Wok (oder in einer Pfanne) erhitzen, Fleisch hineingeben, Marinierflüssigkeit und Lorbeerblätter dazugeben. Zugedeckt bei mittlerer Hitze etwa 3 Min. schmoren lassen, dann das Fleisch wenden, die Ananasscheiben zugeben. Bei mittlerer Hitze offen etwa 3 Min. unter gelegentlichem Umrühren schmoren lassen, bis der Fond eingedickt ist.

3 Min. anbraten. 2 cm geschälten frischen Galgant (ersatzweise Ingwer) in dünnen Scheiben, 1 Stängel Zitronengras in feinen Ringen, 5 fein gehackte Schalotten und 10 fein gehackte Knoblauchzehen in der Pfanne ohne Fett bei mittlerer Hitze 10 Min. braun braten. Alle Zutaten im Mörser zu einer Paste zerstoßen. Mit 1/2 TL Nelkenpulver und je 1 TL Zimtpulver und Sternanis würzen.

62

aus Bangkok **Grünes Rindfleischcurry**

(im Bild vorne)

Für 4 Personen:
500 g Rinderfilet
1/2 TL Salz
je 1/2 rote und grüne Peperoni
4 thailändische Auberginen (etwa 200 g)
50 Thai-Basilikumblätter
1 Dose ungesüßte Kokosmilch (400 ml)
2 EL grüne Currypaste
4 EL Fischsauce
3 EL Palmzucker

Zubereitungszeit: ca. 30 Min.
Pro Portion: ca. 240 kcal

1 Rinderfilet trockentupfen und in sehr feine Streifen von etwa 4 cm Länge schneiden. Mit Salz vermischen. Peperonihälften waschen, Stiel und Samen entfernen und die Schotenhälften in Streifen schneiden.

2 Die Aubergine waschen, der Länge nach vierteln, den Stielansatz entfernen, dann die Viertel in etwa 2 cm große Würfel schneiden und in Wasser legen. Die Basilikumblätter waschen und trockenschütteln.

3 In einem Topf 4 EL von der dickeren Schicht oben auf der Kokosmilch etwa 1 Min. kochen lassen. Grüne Currypaste einrühren. Rindfleisch und restliche Kokosmilch dazugeben. Die Dose ein Viertel hoch mit Wasser füllen, ausschwenken und die Flüssigkeit zum Rindfleisch geben. Alles etwa 3 Min. bei mittlerer Hitze leicht kochen lassen.

4 Auberginenwürfel aus dem Wasser nehmen. Peperonistreifen, Fischsauce, Auberginenwürfel und Zucker zum Rindfleisch geben und etwa 2 Min. kochen lassen. Basilikumblätter unterrühren, dann das Gericht servieren.

gelingt leicht **Schweinefleisch mit Bambussprossen**

(im Bild hinten)

Für 4 Personen:
400 g Schweinefleisch (Oberschale oder Nuss)
3 EL Fischsauce | 1/2 TL schwarzer Pfeffer
ca. 500 g Bambussprossen in Streifen (aus der Dose)
je 1/2 rote und grüne Paprikaschote
5 EL neutrales Pflanzenöl
2 EL gelbe Currypaste | 2 EL Zucker

Zubereitungszeit: ca. 30 Min.
Pro Portion: ca. 465 kcal

1 Das Schweinefleisch trockentupfen und in Streifen von etwa 4 x 1 cm schneiden, mit 1 EL Fischsauce und Pfeffer vermischen und etwa 10 Min. marinieren.

2 In der Zwischenzeit die Bambussprossen in einem Sieb abtropfen lassen. Die Paprikahälften waschen, putzen und ebenfalls in feine Streifen schneiden.

3 Das Öl in einem Wok (oder in einer Pfanne) erhitzen. Schweinefleisch bei mittlerer Hitze etwa 2 Min. anbraten. Gelbe Currypaste dazugeben und gut unter das Fleisch mischen. Hitze erhöhen. Bambussprossen, Paprikastreifen, 2 EL Fischsauce, Zucker und etwas Wasser hinzufügen. Alles bei starker Hitze etwa 2 Min. weiterdünsten. Dabei ständig umrühren.

Getränk

Ein fruchtiger Cocktail macht sich als Auftakt zu einem asiatischen Essen ganz besonders gut. Wie wäre es also einmal mit einem **East Impression**? Für 1 Drink 6 cl Weinbrand, 2 cl Orangenlikör und den Saft von 1/2 Orange mit 4 Eiswürfeln in den Shaker geben. Alles etwa 20 Sek. kräftig schütteln und durch das Barsieb in eine Cocktailschale (12 cl) gießen.

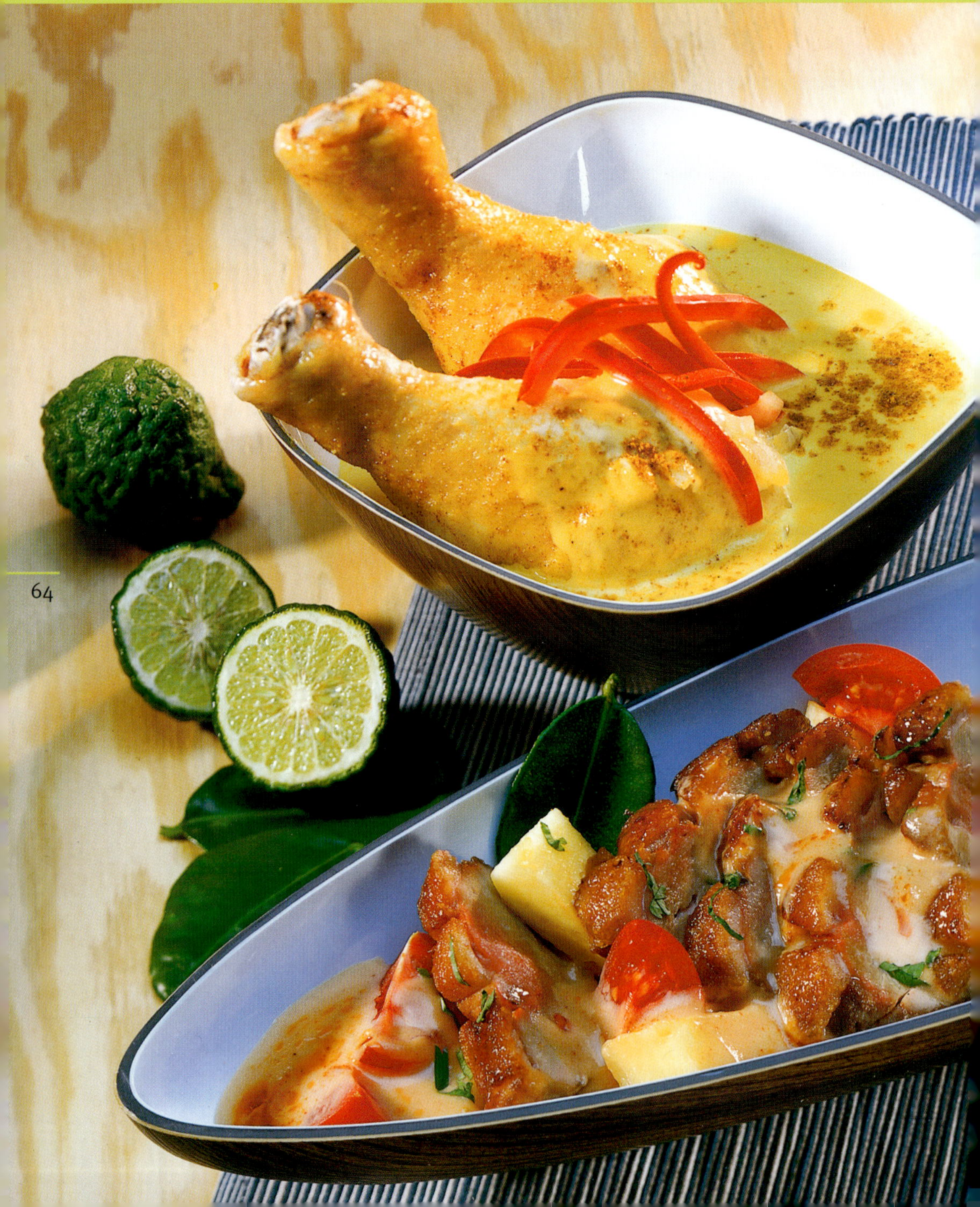

Rotes Entencurry

(im Bild vorne)

Für 4 Personen:
2 Entenbrustfilets (etwa 800 g)
3 Knoblauchzehen
1/2 Bund Koriandergrün
je 1/2 TL Salz und schwarzer Pfeffer
je 2 EL Sojasauce und dünnflüssiger Honig
10 Cocktailtomaten
5 Kaffirlimettenblätter
20 Thai-Basilikumblätter
350 g frische Ananasstücke (geschält gewogen, ersatzweise Ananas aus der Dose)
3 EL Pflanzenöl | 2 EL rote Currypaste
1 Dose ungesüßte Kokosmilch (400 ml)
3 EL Fischsauce | 1 EL Zucker

Zubereitungszeit: 45 Min.
Marinierzeit: 2 Std.
Pro Portion: ca. 655 kcal

1 Entenbrustfilets kalt abspülen und trockentupfen. Die Haut im Abstand von 1,5 cm kreuzweise einritzen. Knoblauch schälen und fein würfeln. Koriandergrün kalt abbrausen und fein schneiden. Beides mit Salz, Pfeffer, Sojasauce und Honig zu einer Paste verrühren. Die Entenbrustfilets darin 2 Std. marinieren.

2 Inzwischen Cocktailtomaten und Kaffirlimettenblätter waschen, letztere vierteln. Dosenananas abtropfen lassen.

3 Öl in einem Wok (oder Topf) erhitzen. Die Entenbrustfilets aus der Marinade nehmen und im Öl auf jeder Seite 3–4 Min. knusprig braten. Herausnehmen, kurz ruhen lassen, das Fleisch in Streifen von etwa 4 x 1 cm schneiden.

4 Die Currypaste in das verbliebene Öl rühren. 5 EL von der dickeren Schicht oben auf der Kokosmilch einrühren und bei schwacher Hitze etwa 1 Min. köcheln lassen. Die Hitze erhöhen.

5 Enten- und Ananasstücke, Fischsauce, Limettenblätter, Zucker und restliche Kokosmilch zugeben, alles 15 Min. bei mittlerer Hitze schmoren lassen. Tomaten und Basilikum unterrühren.

Besonders clever!

Kaffirlimettenblätter werden im Asienladen meist in Beuteln zu etwa 40 Stück angeboten. Einfach die gewünschte Anzahl entnehmen und den Rest ins Tiefkühlfach stecken – dort halten sich die Blätter nahezu unbegrenzt!

Hähnchen in Kokosmilch

(im Bild hinten)

Für 4–6 Personen:
6 Hähnchenschenkel | 2 EL Currypulver
5 Schalotten | 1/2 rote Paprikaschote
1 Dose ungesüßte Kokosmilch (400 ml)
2 TL Salz | 1 EL Zucker | 2 EL Limettensaft

Zubereitungszeit: ca. 45 Min.
Marinierzeit: 20 Min.
Bei 6 Personen pro Portion: ca. 180 kcal

1 Hähnchenschenkel kalt abspülen, trockentupfen, mit Currypulver einreiben und 20 Min. ziehen lassen. Schalotten schälen, in grobe Würfel schneiden. Paprika waschen, putzen und in feine Streifen von etwa 5 cm Länge schneiden.

2 Die Kokosmilch in einem Topf aufkochen lassen, unter Rühren etwa 1 Min. bei mittlerer Hitze köcheln lassen. Schalotten, Hähnchenschenkel, Salz, Zucker und Limettensaft hinzufügen. Alles bei mittlerer Hitze und geschlossenem Deckel etwa 30 Min. kochen lassen.

3 10 Min. vor Ende der Garzeit den Deckel öffnen, damit die Sauce dicker wird. Das Gericht mit den Paprikastreifen garniert anrichten.

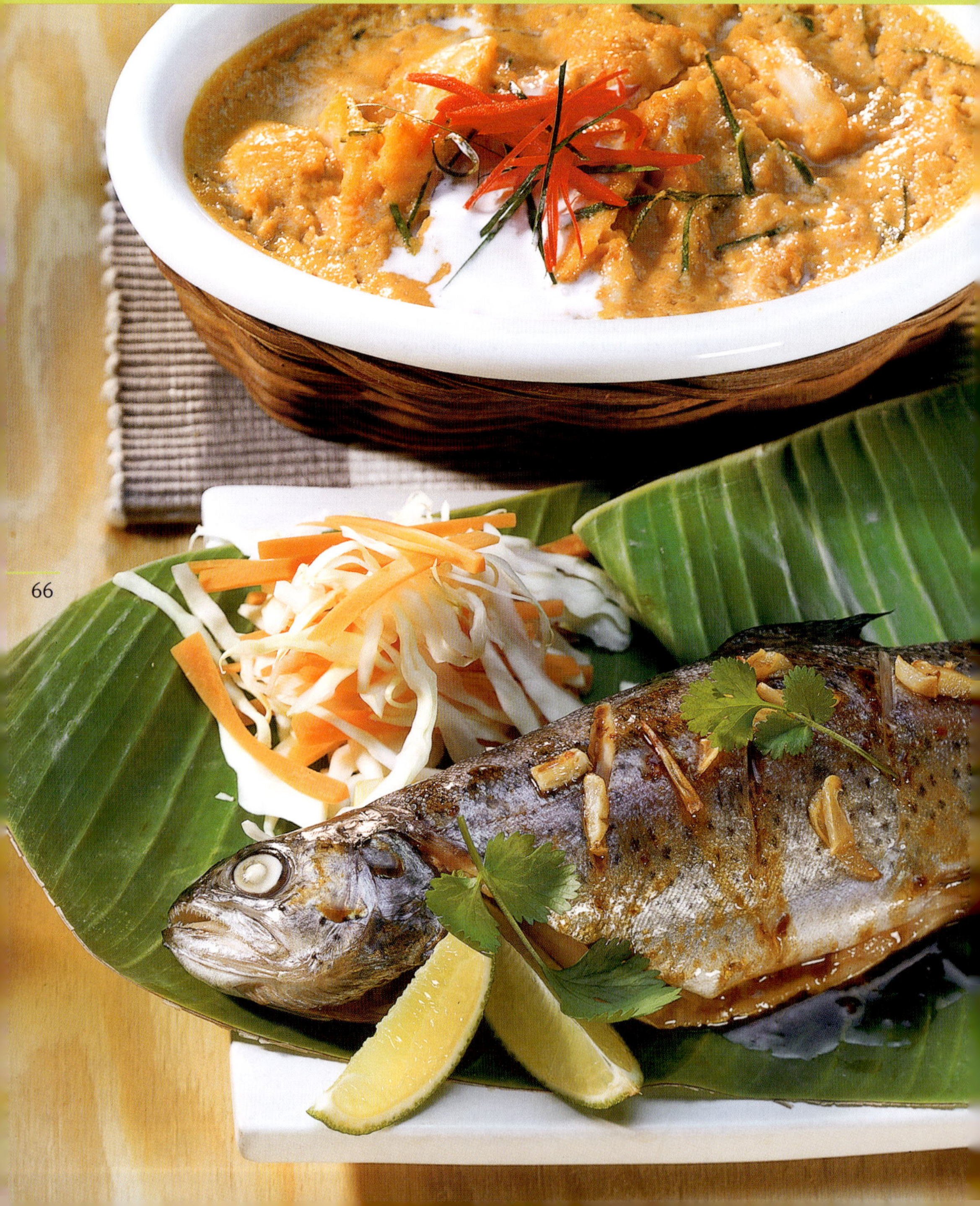

Fischauflauf

(im Bild hinten)

Für 4 Personen:
300 g Weißkohlblätter
5 Kaffirlimettenblätter
1 rote Paprikaschote
500 g Fischfilet (Rotbarsch, Kabeljau
  oder Seelachs)
4 Knoblauchzehen
1 Dose ungesüßte Kokosmilch (400 ml)
1 knapper TL Pfeffer | 3–4 EL rote Currypaste
1 Ei | 4 EL Fischsauce | 1/2 TL Speisestärke

Zubereitungszeit: ca. 1 Std.
Pro Portion: ca. 225 kcal

1 Weißkohlblätter in feine Streifen schneiden, diese in kochendem Wasser etwa 1 Min. blanchieren, gut abtropfen lassen. Kaffirlimettenblätter waschen und in haarfeine Streifen schneiden. Paprika waschen, putzen, ebenfalls in feine Streifen schneiden. Vom Fischfilet 100 g zurückbehalten, den Rest in breite Streifen schneiden.

2 Den Knoblauch schälen. Vom dicken Teil der Kokosmilch etwa 4 EL abnehmen und beiseite stellen. Den Rest im Mixer mit den 100 g Fisch, dem Knoblauch, dem Pfeffer und der Currypaste zu einer cremeartigen Masse zerkleinern.

3 Backofen auf 180° vorheizen. Ei, Fischsauce und Limettenblätter-Streifen mit den Fischstreifen unter die Fisch-Kokos-Creme rühren.

4 Den Boden einer mittelgroßen Auflaufform mit dem Weißkohl auslegen. Die Fischmasse darauf verteilen, mit Alufolie bedecken und im Ofen (Mitte, Umluft 160°) etwa 30 Min. garen.

5 Inzwischen die 4 EL Kokosmilch mit der Stärke verrühren und in einem Topf unter Rühren einmal aufkochen. Den fertigen Auflauf damit und mit den Paprikastreifen garnieren und servieren.

Gegrillte Forelle

(im Bild vorne)

Für 4 Personen:
4 küchenfertige Forellen (je 200–250 g)
9 EL Limettensaft | 1 TL Salz | Pfeffer
1/4 Kopf Weißkohl (300 g) | 1 große Möhre
10 Knoblauchzehen | 70 ml Pflanzenöl
1 EL Chilipulver | 2 EL Zucker
3 EL Fischsauce
Öl zum Bestreichen

Zubereitungszeit: ca. 45 Min.
Pro Portion: ca. 385 kcal

1 Forellen kalt abspülen und trockentupfen. Beide Seiten im Abstand von etwa 2 cm nicht zu tief einkerben. Mit 4 EL Limettensaft und Salz innen und außen würzen, etwas Pfeffer aus der Mühle darüber streuen.

2 Weißkohl und Möhre putzen und waschen und in sehr feine Streifen schneiden. Am Rand einer großen ovalen Platte anrichten oder für jeden Fisch eine eigene Platte nehmen. Den Knoblauch schälen und klein hacken.

3 In einem kleinen Topf 50 ml Öl erhitzen, Knoblauch bei mittlerer Hitze in etwa 2 Min. goldgelb braten und mit dem Öl in einer kleinen Schale beiseite stellen. Für die Sauce das restliche Öl im selben Topf erhitzen, Chilipulver darin kurz anrösten. Topf vom Herd nehmen. Zucker, Fischsauce und 5 EL Limettensaft dazugeben und so lange rühren, bis sich der Zucker gelöst hat. Den Backofengrill auf 200° vorheizen.

4 Die Forellen mit Öl bepinseln und auf dem Holzkohlengrill oder unter dem Backofengrill (Mitte) etwa 15 Min. garen. Ab und zu mit Öl bepinseln. Die Fische auf der vorbereiteten Platte anrichten, Knoblauch über die Forellen geben und die lauwarme Chilisauce darüber gießen oder separat reichen.

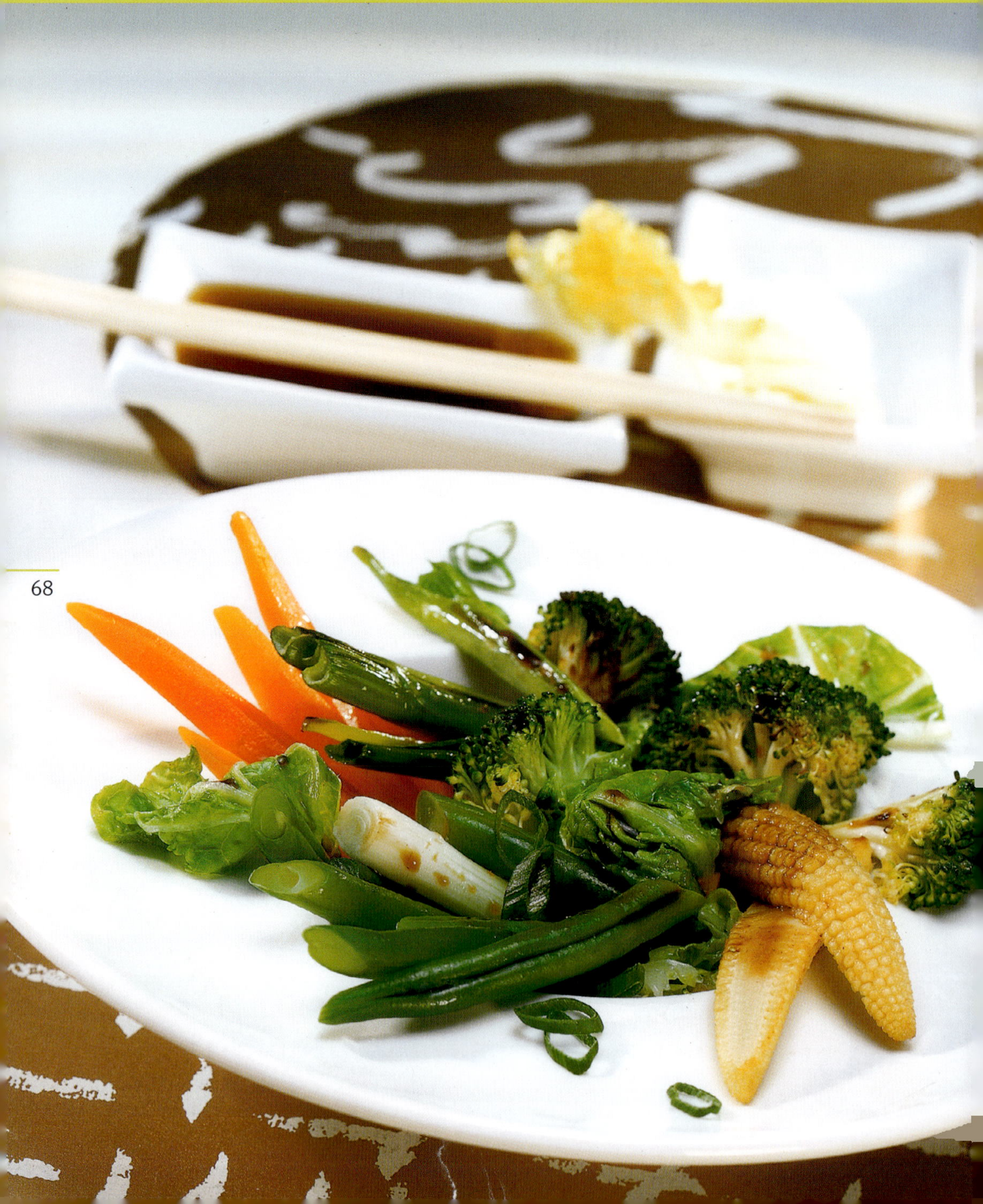

Pfannengerührtes Gemüse

Für 4 Personen:
200 g Brokkoli
150 g grüne Bohnen
200 g Mini-Maiskölbchen
   (aus dem Glas)
200 g Chinakohl
300 g kleine Frühmöhren
3 Frühlingszwiebeln
5 Knoblauchzehen
5 EL neutrales Pflanzenöl
je 3 EL Fischsauce und Austernsauce
1 EL Zucker
4 EL Reiswein

Zubereitungszeit: ca. 40 Min.
Pro Portion: ca. 240 kcal

1 Den Brokkoli waschen und putzen. Brokkoliröschen abschneiden, die Brokkolistiele schälen und in dünne Streifen schneiden. Grüne Bohnen waschen, von den Enden befreien und halbieren.

2 Maiskölbchen abtropfen lassen. Das dickere Ende jeweils abschneiden, dann die Maiskölbchen quer halbieren, dickere Kölbchen auch längs halbieren.

3 Den Chinakohl waschen, putzen und in mundgerechte Stücke schneiden. Möhren waschen, putzen und der Länge nach vierteln. Diese Viertel jeweils noch einmal quer halbieren.

4 Frühlingszwiebeln putzen, waschen, der Länge nach halbieren und in etwa 3 cm lange Stücke schneiden.

5 Den Knoblauch schälen und fein hacken. Das Öl in einem Wok (oder in einer Pfanne) erhitzen und den Knoblauch darin bei starker Hitze etwa 1 Min. anbraten.

6 Brokkoli, Möhren, Bohnen und Maiskölbchen dazugeben und unter ständigem Rühren etwa 2 Min. bei starker Hitze scharf anbraten.

7 Frühlingszwiebeln, Chinakohl, Fisch- und Austernsauce sowie den Zucker untermischen. Mit dem Reiswein ablöschen und nochmals etwa 1 Min. bei mittlerer Hitze unter ständigem Rühren weiterbraten, bis das Gemüse gar, aber noch knackig ist.

Tauschbörse

Was die Wahl der Gemüsesorten angeht, können Sie bei diesem Rezept nach Lust, Laune und Saison tauschen. Sehr gut eignen sich beispielsweise auch **grüner Spargel**, **Blattspinat**, **Pilze**, **Staudensellerie**, **Zuckerschoten** und **Blumenkohl**. Sollten Sie Fisch- und Austernsauce nicht bekommen, rühren Sie stattdessen 5 EL Sojasauce mit etwas Sardellenpaste an.

69

Besonders *clever!*

Wer es thailändisch scharf liebt, reicht zu diesem Gericht eine schnell gemachte **Chilisauce mit Koriander.** *Für 4 Portionen 4 frische Chilis waschen, entstielen und in feine Ringe schneiden. 2 Knoblauchzehen schälen und fein hacken. Chiliringe und Knoblauch mit 3 EL Fischsauce und 2 EL Limettensaft verrühren. 1 Zweig frischen Koriander waschen und trockenschütteln, Stängel und Blätter fein schneiden und unter die Chilisauce rühren. Nach Belieben zusätzlich 1 Schalotte in feinen Scheiben unterrühren.*

70

schnell Honigmelone mit Kokosmilch

(im Bild hinten)

Für 4 Personen:
1 Honig- oder Kantalupmelone
1/2 Vanilleschote
1 Dose ungesüßte Kokosmilch (400 ml)
5 EL Palmzucker

Zubereitungszeit: ca. 20 Min.
Kühlzeit: 1 Std.
Pro Portion: ca. 125 kcal

1 Die Melone schälen, längs in Viertel schneiden, Kerne mit einem Löffel entfernen. Die Viertel in mundgerechte Stücke schneiden und etwa 1 Std. in den Kühlschrank stellen.

2 Inzwischen die Vanilleschote der Länge nach halbieren und das Mark mit einem spitzen Messer herauskratzen. Vanillemark, Kokosmilch und Palmzucker in einen Topf geben und unter Rühren leicht erhitzen, bis sich der Zucker aufgelöst hat. Die Mischung kurz abkühlen lassen und ebenfalls in den Kühlschrank stellen.

3 Die gekühlten Melonenstücke in eine Servierschüssel geben und die Vanille-Kokosmilch darüber gießen.

Besonders clever!

*Wer **Kokosflocken** zur Hand hat, kann sich den Kauf von Kokosmilch sparen: 250 g Kokosraspel mit 1/2 l kochendem Wasser übergießen, 15 Min. ziehen lassen. Dann in den Mixer geben und fein pürieren. Einen Teil der Masse in ein sauberes Küchentuch geben und gründlich auswringen. Diesen Vorgang wiederholen, bis die Masse aufgebraucht ist. Das Ergebnis sind etwa 400 ml Kokosmilch.*

schnell Bananen im Teigmantel

(im Bild vorne)

Für 4 Personen:
2 große Bananen
50 g Tempuramehl
1 EL Zucker
Salz
3 EL Kokosflocken
1 EL helle Sesamsamen
1 l Pflanzenöl zum Ausbacken
4 EL flüssiger Honig

Zubereitungszeit: ca. 20 Min.
Pro Portion: ca. 370 kcal

1 Die Bananen schälen, der Länge nach halbieren und jede Hälfte noch einmal quer in zwei gleich große Teile schneiden.

2 Das Tempuramehl mit knapp 1/8 l Wasser, Zucker und 1 Prise Salz in einem tiefen Teller so anrühren, dass ein Teig von zähflüssiger Konsistenz ohne Klumpen entsteht. Kokosflocken und Sesamsamen hinzugeben und alles gut verrühren.

3 Das Öl in einem großen Topf erhitzen. Es ist heiß genug, wenn an einem hineingehaltenen Holzkochlöffelstiel Bläschen aufsteigen. Die Bananenstücke im Teig wenden und portionsweise im schwimmenden Fett bei starker Hitze in etwa 2 Min. goldbraun ausbacken.

4 Mit einem Schaumlöffel aus dem Öl heben, gut abtropfen lassen und auf Küchenpapier entfetten. Bananen auf einer Platte anrichten, mit Honig beträufeln und servieren.

Tauschbörse

Statt Bananen lassen sich auch Mango- und Ananasstücke auf diese Weise zubereiten.

Indonesien

Einheit in der Vielfalt

Indonesien: Das sind zusammengenommen 13.677 Inseln – darunter Java, Bali, Sumatra und Borneo –, auf denen über 360 verschiedene Völker mit unterschiedlichen Traditionen und Sprachen leben. Weil das feuchtwarme Klima und die fruchtbaren Böden in den höheren Lagen Tee, Kaffee und Gewürze prächtig gedeihen lassen, zog das Archipel schon früh chinesische, indische, arabische und andere Händler an, die in kultureller, religiöser und natürlich kulinarischer Hinsicht deutliche Spuren hinterlassen haben. Das ist der Grund dafür, dass die indonesische Küche so äußerst vielgestaltig und kontrastreich, dabei aber immer auch harmonisch ist und weswegen sich das indonesische Staatsmotto »Einheit in der Vielfalt« durchaus auch kulinarisch interpretieren lässt.

Die indonesische Küche

Gegensätzliches harmonisch zusammenzustellen lautet hier das Prinzip: Entsprechend werden milde Kokosmilchsaucen (Currys) von chilischarfen Gerichten begleitet und die Geschmacksrichtungen salzig, sauer und süß stets kombiniert. Ähnlich wie in China ist eigentlich jedes Gericht zu jeder Tageszeit denkbar. Am üppigsten fällt jedoch das Abendessen aus, zu dem sich die ganze Familie versammelt.

Fremde Einflüsse

Die Indonesier haben es immer verstanden, fremden Einflüssen gegenüber zwar offen zu sein, diese aber ihren eigenen Bedürfnissen anzupassen. Dies zeigt sich in der Küche ganz deutlich: Obwohl der von chinesischen Händlern importierte Wok und mit ihm das Pfannenrühren schnell zum wichtigsten Kochgerät und zur gebräuchlichsten Garmethode wurden, machte und macht der großzügige Gebrauch von Chilis die nach chinesischem Vorbild zubereiteten Gerichte doch wieder unverkennbar indonesisch.

Speisenfolge

Auch in Indonesien ist Reis Hauptnahrungsmittel. Dies beweist nicht zuletzt die berühmte Reistafel, die z. B. anlässlich religiöser Feste zubereitet wird und deren Mittelpunkt riesige Schüsseln mit Reis bilden: Jeder bedient sich mit Reis und kostet nacheinander von den bis zu 40 verschiedenen Gerichten, die dazu serviert werden. Auch die Alltagsmahlzeiten sind Reistafeln – wenn auch viel bescheidener: Zu einer großen Reisschüssel werden zwei, drei verschiedene Fleisch-, Fisch- oder Gemüsegerichte gleichzeitig serviert. Dazu gibt es diverse Würzsaucen. Jeder nimmt sich vom Reis und umlegt ihn mit kleinen Portionen der anderen Speisen. Zum Abschluss gibt es Süßspeisen und Früchte.

Getränke

Wasser oder gesüßter Tee sind in der Regel die flüssigen Begleiter zu den Mahlzeiten. Alkoholika werden nur zu besonderen Anlässen getrunken. Traditionelle Spirituosen sind Tuak (Palmwein), Brem (Reiswein) und Arrak (Reisschnaps) – die auf den Inseln mit mehrheitlich muslimischen Bewohnern allerdings meist verboten sind.

Eatguide

Gegessen wird in Indonesien nicht aus Schälchen wie in China, sondern von Tellern oder Bananenblättern, die nach dem Essen dann weggeworfen werden. An Besteck nimmt man Löffel und Gabel oder führt die Speisen einfach mit den Fingern der rechten Hand zum Mund.

74

von Bali **Nudelsuppe**

Für 6 Personen:
4 Schalotten
2 Knoblauchzehen
1 Stück frischer Ingwer (etwa 4 cm lang)
2 Möhren
200 g Weißkohlblätter
2 rote Chilischoten
2 EL Sojaöl
1 ½ l Hühnerbrühe (Instant)
225 g Rinderhackfleisch
1 Eiweiß
1 EL Speisestärke
1 TL gemahlener Koriander
Pfeffer | Salz
100 g dünne asiatische Eiernudeln
1 EL süße Sojasauce (Kecap manis)
6 EL Röstzwiebeln

Zubereitungszeit: ca. 40 Min.
Pro Portion: ca. 205 kcal

1 Schalotten, Knoblauch und Ingwer schälen und klein hacken. Möhren putzen, schaben und sehr fein stifteln. Kohlblätter waschen, trockenschütteln und in 1 cm breite Streifen schneiden.

2 Die Chilischoten putzen, aufschlitzen und die Samen entfernen. Die Hälften schräg in feine Streifen schneiden und beiseite stellen. (Vorsicht, Hände nicht an die Augen bringen und gründlich waschen!)

3 Öl in einem großen Topf erhitzen. Schalotten, Knoblauch und Ingwer 2–3 Min. darin bei mittlerer Hitze dünsten. 1 EL der Mischung abnehmen und beiseite stellen.

4 Die Möhren in den Topf geben und etwa 5 Min. mitbraten, dann den Kohl untermischen und nach weiteren 3 Min. mit 1 ½ l Hühnerbrühe ablöschen. Alles gut verrühren und erneut zum Kochen bringen.

5 Inzwischen das Hackfleisch in eine Schüssel geben. 1 EL der abgekühlten Mischung, Eiweiß und Stärke hinzufügen. Mit Koriander, Pfeffer und Salz würzen und zu einem Teig verkneten. Etwa 20 walnussgroße Bällchen formen.

6 Wenn die Suppe kocht, die Fleischbällchen einlegen, dabei die Hitze stark verringern. Fleischbällchen 4–5 Min. ziehen lassen. Zuletzt die Nudeln hineingeben und bissfest garen.

7 Den Topf vom Herd nehmen und die Suppe mit Kecap manis und Salz abschmecken. Suppe mit Chilistreifen und Röstzwiebeln bestreuen.

Besonders **clever!**

Servieren Sie lieben Freunden doch einmal ein **asiatisches Crossover-Menü!** *Die* **indonesische Nudelsuppe** *macht den Auftakt, danach gibt's den* **thailändischen Fischauflauf** *von S. 67. Den süßen Abschluss bilden* **japanische Tofukugeln***: Für 4 Portionen 250 g japanischen Tofu kurz in kaltes Wasser tauchen, trockentupfen und mit dem Pürierstab fein pürieren. 165 g Reismehl unterheben und verrühren. Aus der Masse mit angefeuchteten Händen 24 etwa 3 cm große Kugeln formen. In einem großen Topf reichlich Wasser aufkochen, die Kugeln darin bei mittlerer Hitze etwa 5 Min. offen kochen. Mit einer Schöpfkelle heraus-heben, auf Küchenpapier abtropfen lassen. Je drei Kugeln auf einen Holzspieß stecken. Für die Sauce 2 EL Kartoffelmehl in 100 ml Wasser auflösen. Je 60 ml japanische Soja-sauce und Mirin (süßer Reiswein) und 70 g Zu-cker in einem Topf aufkochen, bis der Zucker geschmolzen ist. Topf vom Herd nehmen und unter ständigem Rühren mit dem aufgelösten Kartoffelmehl eindicken. Nochmals unter Rüh-ren aufkochen. Die Sauce in eine flache Schüs-sel geben, die Tofu-Spieße darin wenden. Je zwei Tofu-Spieße auf einem Teller anrichten.*

gelingt leicht Nasi Goreng

(im Bild hinten)

Für 4 Personen:
200 g Langkornreis | Salz
4 Schalotten | 2 Knoblauchzehen
1/4 TL Garnelenpaste (Terasi)
50 ml Kokosöl | 4 Eier
3 EL süße Sojasauce (Kecap manis)
1 EL Tomatenketchup | 1–2 TL Sambal oelek
1 Zweig Koriandergrün

Zubereitungszeit: ca. 45 Min.
Pro Portion: ca. 375 kcal

1 Den Reis waschen, bis das Wasser klar bleibt, dann in einem Topf in 3/8 l Salzwasser zum Kochen bringen. Den Reis bei sehr schwacher Hitze zugedeckt 15–20 Min. garen. Wenn alles Wasser aufgesogen und die Oberfläche trocken ist, den Topf vom Herd nehmen. Den Reis etwa 10 Min. zugedeckt quellen lassen.

2 Schalotten und Knoblauch schälen und fein hacken. Terasi mit dem Löffelrücken zerdrücken.

3 In einer Pfanne 1 EL Öl erhitzen. Die Eier aufschlagen und bei mittlerer Hitze vier Spiegeleier braten, salzen, beiseite stellen.

4 Wenn der Reis gar ist, das restliche Öl in einem Wok (oder in einer Pfanne) erhitzen. Schalotten, Knoblauch und Terasi glasig dünsten. Den Reis hinzufügen und bei starker Hitze unter Rühren etwa 3 Min. braten. Dann Sojasauce, Tomatenketchup und Sambal oelek unter den Reis mischen und alles unter ständigem Rühren in weiteren 3 Min. fertig braten.

5 Den gebratenen Reis auf vier Teller verteilen und auf jede Portion ein Spiegelei legen. Mit Koriandergrün bestreuen und nach Belieben mit Gurkenscheiben, Röstzwiebeln oder Krabbenbrot (Kroepoek) dekorieren.

preiswert Reis mit Hähnchen

(im Bild vorne)

Für 4 Personen:
1 küchenfertiges Hähnchen (etwa 1,5 kg)
1 Bund Frühlingszwiebeln | 3 Knoblauchzehen
1 Stück frischer Ingwer (etwa 4 cm lang)
1 Stängel frisches Zitronengras
3 Gewürznelken
1/2 bis 1 TL Sambal oelek
1/2 TL gemahlene Kurkuma (Gelbwurzel)
2 TL gemahlener Koriander
1/2 TL Zimtpulver | Salz
200 g Langkornreis
3–4 EL Kokosöl

Zubereitungszeit: ca. 50 Min.
Pro Portion: ca. 570 kcal

1 Das Hähnchen in acht Teile zerlegen, gründlich kalt abspülen und trockentupfen. Den größten Teil der Haut abziehen.

2 Frühlingszwiebeln putzen, waschen und schräg in dünne Ringe schneiden. Knoblauch schälen, zerdrücken. Ingwer schälen und fein raspeln. Vom Zitronengras den dicken, unteren Teil klein hacken. Nelken im Mörser zerstoßen.

3 Die Hähnchenteile mit allen Würzzutaten (vorbereiteten und in der Zutatenliste nachstehenden, inklusive etwas Salz) in einen Topf geben, mit 1/2 l Wasser bedecken, bei mittlerer Hitze zugedeckt 20 Min. kochen.

4 Inzwischen den Reis waschen, bis das Wasser klar bleibt, abtropfen lassen. Das Fleisch aus der Brühe nehmen, Reis einstreuen, bei schwacher Hitze zugedeckt etwa 20 Min. garen, bis die Brühe aufgesogen und die Oberfläche trocken ist.

5 Öl in einem Wok (oder in einer Pfanne) erhitzen. Die Fleischstücke darin portionsweise rundum knusprig braten. Mit dem Reis anrichten.

Mie Goreng

Für 4 Personen:
400 g asiatische Nudeln
250 g Brokkoli
Salz
250 g Schweineschnitzel
4 Chinakohlblätter
1 Möhre
1 mittelgroße Zwiebel
2 Knoblauchzehen
1 daumengroßes Stück frischer Ingwer
1/4 TL Garnelenpaste (Terasi)
3 EL neutrales Pflanzenöl
1/4 bis 1/2 TL Sambal oelek
2 EL Sojasauce
2 TL Palmzucker
süße Sojasauce (Kecap manis)

Zubereitungszeit: ca. 45 Min.
Pro Portion: ca. 510 kcal

1 Die Nudeln nach Packungsanweisung garen, abgießen und kalt abschrecken. Den Brokkoli waschen, putzen, in Röschen teilen, kurz in kochendem Salzwasser blanchieren, dann kalt abschrecken und abtropfen lassen. Das Fleisch trockentupfen und in dünne Streifen schneiden.

2 Den Chinakohl waschen und in feine Streifen schneiden. Die Möhre putzen, schälen und in streichholzdünne Stifte schneiden. Die Zwiebel schälen und würfeln. Den Knoblauch schälen und zerdrücken. Den Ingwer schälen und fein raspeln. Die Garnelenpaste zerdrücken.

3 Das Öl in einem Wok oder in einer Pfanne erhitzen. Die Schweinefleischstreifen, die Zwiebelwürfel, den Knoblauch und Ingwer, die Garnelenpaste und das Sambal oelek hineingeben und unter Rühren etwa 3 Min. bei starker Hitze anbraten.

4 Den Brokkoli und den Chinakohl dazugeben und etwa 1 Min. mitbraten. Die Nudeln, die Sojasauce und den Palmzucker untermischen. Alles noch etwa 3 Min. unter Rühren braten. Mit der süßen Sojasauce abschmecken.

Stylingtipp

Servieren Sie dieses Gericht auf einer runden, mit Bananenblättern ausgelegten Platte, auf deren Rand Sie **Tomatenblüten** legen: Pro Blüte 1 mittelgroße Tomate waschen und abtrocknen, dann mit dem Stielansatz nach unten auf die Arbeitsfläche legen. Mit einem scharfen Messer die Haut in sieben Segmente teilen. Das Fruchtfleisch dabei etwa 1/2 cm tief einschneiden. Die sieben Segmente mit dem Messer vorsichtig vom Fruchtfleisch lösen. Wenn sich die Segmente nicht einfach abbiegen lassen, mit dem Messer nachhelfen. Die so entstandenen Blütenblätter vorsichtig nach außen biegen.

79

Besonders clever!

Frischen Ingwer bekommt man mittlerweile zwar in beinahe jedem gut sortierten Supermarkt, doch sind die Wurzeln im Vergleich zu der für das Rezept benötigten Menge meist viel zu groß. Verzichten Sie trotzdem nicht auf frischen Ingwer: In Frischhaltefolie gewickelt hält er sich im Kühlschrank etwa zwei Wochen, geschält und in trockenen Sherry (Fino) eingelegt sogar mehrere Wochen. Und wenn Sie keine Garnelenpaste (Terasi) bekommen, verwenden Sie Sardellenpaste – die gibt's in jedem Supermarkt.

80

gelingt leicht Schweinefleisch in Sojasauce

(im Bild vorne)

Für 4 Personen:
600 g Schweinefleisch
3 Knoblauchzehen
1 daumengroßes Stück frischer Ingwer
3–4 EL Sojasauce
1/4 bis 1/2 TL Sambal oelek
1 Bund Frühlingszwiebeln
1 rote Paprikaschote
3 EL neutrales Pflanzenöl
5 EL süße Sojasauce (Kecap manis)
2 TL Palmzucker | 1 EL Kokosraspel

Zubereitungszeit: ca. 20 Min.
Marinierzeit: 1 Std.
Pro Portion: ca. 285 kcal

1 Das Fleisch trockentupfen, erst in Scheiben, dann in dünne, etwa 4 cm lange Streifen schneiden. Den Knoblauch schälen und zerdrücken. Ingwer schälen und fein raspeln. Fleisch, Knoblauch und Ingwer in eine Schüssel geben und mit Sojasauce und Sambal oelek vermengen. Zugedeckt mindestens 1 Std. marinieren.

2 Die Frühlingszwiebeln putzen und waschen. Den grünen Teil in etwa 4 cm lange Stücke, den weißen Teil in dünne Ringe schneiden. Die Paprikaschote waschen, vierteln und putzen. Schotenviertel quer in dünne Streifen schneiden.

3 Das Öl in einem Wok (oder in einer Pfanne) erhitzen. Das Fleisch mit der Marinade, die Frühlingszwiebeln und die Paprika hineingeben. Alles unter Rühren bei starker Hitze etwa 5 Min. braten. Die Hitze reduzieren.

4 Kecap manis, Palmzucker und 100 ml Wasser dazugeben, alles noch etwa 10 Min. bei schwacher Hitze köcheln lassen, bis die Sauce eingedickt ist. Mit Kokosraspeln bestreut servieren.

für Gäste Gebratenes Rindfleisch

(im Bild hinten)

Für 4 Personen:
750 g Rinderfilet oder Rumpsteak
4 Tomaten
3–4 Knoblauchzehen
1 Stück frischer Ingwer (etwa 4 cm lang)
1 Stängel frisches Zitronengras
1/4 TL Garnelenpaste (Terasi)
3–4 EL Kokosöl
2 TL gemahlener Koriander
1 TL Palmzucker
Salz | Sambal oelek

Zubereitungszeit: ca. 45 Min.
Pro Portion: ca. 305 kcal

1 Das Fleisch trockentupfen und in Würfel schneiden. Tomaten überbrühen, enthäuten, Stielansätze und Samen entfernen. Fruchtfleisch klein hacken. Chilis putzen, aufschlitzen und die Samen entfernen, dann in feine Streifen schneiden. Frühlingszwiebeln putzen, waschen und in etwa 3 cm lange, schräge Stücke schneiden. Knoblauch schälen und zerdrücken. Ingwer schälen und fein raspeln. Vom Zitronengras den dicken, unteren Teil des Stängels klein hacken. Terasi mit dem Löffelrücken zerdrücken.

2 Öl in einem Wok (oder in einem Topf) erhitzen. Die Fleischwürfel bei starker Hitze darin portionsweise rundherum anbraten; herausnehmen. Chilis, Zwiebeln, Knoblauch, Ingwer, Zitronengras und Terasi in 3–5 Min. unter ständigem Rühren glasig dünsten. Koriander, Palmzucker und gehackte Tomaten einrühren.

3 Die Fleischwürfel untermischen und alles bei schwacher Hitze zugedeckt 5–10 Min. schmoren, bis das Fleisch zart ist. Mit Salz abschmecken. Dazu Reis und Sambal oelek servieren.

würzig **Rindfleisch balinesische Art**

(im Bild vorne)

Für 4 Personen:
1 EL Tamarindenmark
750 g Rinderfilet oder Roastbeef
1/4 Bund Frühlingszwiebeln
2–3 Knoblauchzehen
1 Stück frischer Ingwer (etwa 4 cm lang)
2 Stängel frisches Zitronengras
1/2 TL Garnelenpaste (Terasi)
2–3 EL Kokosöl
2 EL süße Sojasauce (Kecap manis)
1 TL Sambal oelek | Salz

Zubereitungszeit: ca. 30 Min.
Pro Portion: ca. 280 kcal

1 Das Tamarindenmark in einer Schüssel mit 150 ml heißem Wasser einweichen. Inzwischen das Rindfleisch trockentupfen und quer zur Faser fein schnetzeln. Die Frühlingszwiebeln putzen, waschen und schräg in dünne Ringe schneiden. Einige grüne Zwiebelringe zum Garnieren beiseite legen.

2 Knoblauch schälen und durch die Presse drücken. Ingwer schälen und fein raspeln. Vom Zitronengras die dicken, unteren Teile der beiden Stängel klein hacken. Terasi mit dem Löffelrücken zerdrücken.

3 Tamarindenmark im Einweichwasser verrühren, bis dieses dick und braun wird, und durch ein Sieb streichen. Den Saft auffangen.

4 Öl in einem Wok (oder in einem Topf) erhitzen. Die übrigen Zwiebelringe, Zitronengras und Ingwer unter Rühren etwa 3 Min. darin glasig dünsten, dann an den Rand schieben. Das Rindfleisch portionsweise bei starker Hitze etwa 10 Min. rundherum anbraten. Mit Tamarindensaft und süßer Sojasauce ablöschen.

5 Alle übrigen Zutaten untermischen und das Gericht zugedeckt bei schwacher Hitze weitere 10 Min. schmoren. Mit Salz würzen und mit den grünen Zwiebelringen bestreuen. Als Beilage Reis und Krabbenbrot (Kroepoek) servieren.

gelingt leicht **Schweinerippchen**

(im Bild hinten)

Für 4 Personen:
1 kg fleischige Schweinerippchen (möglichst vom Händler in Portionsteile hacken lassen)
Salz
2 TL schwarzer Pfeffer
3 Knoblauchzehen
6 EL Kokosöl
5 EL Sojasauce
3 TL Palmzucker

Zubereitungszeit: ca. 45 Min.
Pro Portion: ca. 355 kcal

83

1 Die Schweinerippchen kalt abbrausen und trockentupfen. Mit Salz und Pfeffer bestreuen. Knoblauch schälen und sehr fein hacken.

2 Das Öl in einer großen Pfanne erhitzen. Den Knoblauch darin in etwa 1 Min. glasig dünsten. Die Schweinerippchen dazugeben und bei starker Hitze rundherum knusprig braun braten. Mit 200 ml Wasser ablöschen. Die Sojasauce und den Palmzucker einrühren und die Sauce etwas eindicken lassen.

3 Die Rippchen bei mittlerer Hitze weitere 25–35 Min. garen, bis das Fleisch sehr weich ist. Eventuell Wasser nachgießen. Die Sauce soll fast vollständig eingekocht sein und das Fleisch mit einer glänzenden Schicht überziehen. Als Beilage Reis servieren.

Bunte Gemüsepfanne

(im Bild vorne)

Für 4 Personen:
200 g Hähnchenbrustfilet
2 EL rohe geschälte kleine Garnelen
1 kleine Zwiebel | 2 Knoblauchzehen
1 daumengroßes Stück frischer Ingwer
100 g grüne Bohnen
250 g Chinakohlblätter
1 Möhre
140 g Bambussprossen in Streifen
*   (aus der Dose)*
100 g frische Sojabohnensprossen
2 EL neutrales Pflanzenöl
1/4 bis 1/2 TL Sambal oelek
2 TL Speisestärke
3 EL Sojasauce

Zubereitungszeit: ca. 40 Min.
Pro Portion: ca. 230 kcal

1 Das Hähnchenfleisch kalt abspülen, trockentupfen und in sehr dünne Streifen schneiden. Die Garnelen abbrausen und abtropfen lassen. Zwiebel, Knoblauch und Ingwer schälen und fein hacken. Bohnen waschen, von den Enden befreien und in etwa 5 cm lange Stücke schneiden.

2 Chinakohlblätter waschen und den weißen Teil in mundgerechte Stücke schneiden. Die Möhre waschen, schälen und grob raspeln. Die Bambussprossen abtropfen lassen. Die Sojabohnensprossen abbrausen und abtropfen lassen.

3 Das Öl in einem Wok (oder in einer Pfanne) erhitzen. Fleisch, Zwiebel, Knoblauch, Ingwer, Bohnen und Sambal oelek hineingeben und etwa 5 Min. braten. 200 ml Wasser dazugießen. Die Garnelen dazugeben. Alles bei mittlerer Hitze kochen lassen, bis etwa die Hälfte des Wassers eingekocht ist.

4 Chinakohl, Möhre, Bambussprossen und Sojabohnensprossen hinzufügen. Alles verrühren und zugedeckt bei schwacher Hitze noch etwa 5 Min. garen.

5 Die Stärke mit 50 ml kaltem Wasser verrühren. Mit der Sojasauce unter die Fleisch-Gemüse-Mischung mengen. Unter Rühren dicklich einkochen lassen.

Knusprige Hähnchenkeulen

(im Bild hinten)

Für 4 Personen:
8 Hähnchenkeulen
4 Knoblauchzehen
2 cm frischer Galgant
*   (oder ersatzweise Ingwer)*
2 EL Sojasauce
3 EL süße Sojasauce (Kecap manis)
3 TL Palmzucker
1½ TL schwarzer Pfeffer

Zubereitungszeit: ca. 40 Min.
Pro Portion: ca. 240 kcal

1 Den Backofen auf 180° vorheizen. Die Hähnchenkeulen kalt abspülen, gut trockentupfen und in einen Bräter legen.

2 Den Knoblauch schälen und zerdrücken. Den Galgant schälen und fein reiben. Knoblauch, Galgant, Sojasauce, Palmzucker und Pfeffer vermengen. Die Würzmischung über die Hähnchenkeulen verteilen.

3 Die Hähnchenkeulen im heißen Backofen (Mitte; Umluft 160°) etwa 30 Min. backen, dabei gelegentlich wenden. Nach 30 Min. eine Garprobe machen. Dazu mit einem spitzen Messer einen Schenkel anstechen. Der austretende Saft muss klar sein.

85

86

schnell **Fischcurry**

(im Bild vorne)

Für 4 Personen:
1 EL Tamarindenmark
800 g festfleischige Fischfilets (Kabeljau,
Rotbarsch, Seelachs)
Salz | Saft von 1/2 Zitrone
4 Schalotten | 2 Knoblauchzehen
1 Stück frischer Ingwer (etwa 4 cm lang)
1 Stängel frisches Zitronengras
1/4 TL Garnelenpaste (Terasi)
1/2 bis 1 TL Sambal oelek
1/2 TL gemahlene Kurkuma (Gelbwurzel)
2 TL gemahlener Koriander
3–4 EL Kokosöl
1 Dose ungesüßte Kokosmilch (400 ml)
1 Zweig Koriandergrün

Zubereitungszeit: ca. 30 Min.
Pro Portion: ca. 220 kcal

1 Tamarindenmark in einer Schüssel mit
150 ml heißem Wasser einweichen. Inzwischen
die Fischfilets trockentupfen und in etwa 2 cm
große Würfel schneiden. Fischstücke mit Salz
bestreuen, den Zitronensaft darüber träufeln.

2 Schalotten und Knoblauch schälen, fein
hacken. Ingwer schälen und fein raspeln.
Vom Zitronengras den dicken, unteren Teil
des Stängels klein schneiden. Terasi mit dem
Löffelrücken zerdrücken. Alle Würzzutaten
zusammen mit dem vorbereiteten Gemüse
zu einer dicken Paste verarbeiten.

3 Das Tamarindenmark im Einweichwasser
verrühren, bis dieses dick und braun wird, und
durch ein Sieb streichen. Den Saft auffangen.

4 Öl in einem Wok (oder in einer Pfanne)
erhitzen. Die Fischstücke bei starker Hitze
portionsweise rundherum 2–4 Min. anbraten.
Wieder herausnehmen.

5 Die Gewürzpaste hineingeben und bei mittlerer Hitze unter ständigem Rühren 3–5 Min.
dünsten. Mit Tamarindensaft ablöschen. Hitze
reduzieren. Kokosmilch angießen und die Sauce
2–3 Min. bei schwacher Hitze offen köcheln.

6 Den Fisch untermischen und etwa 3 Min.
ziehen lassen. Mit Salz abschmecken und mit
Koriandergrün und nach Belieben roten Chili-
ringen bestreuen. Dazu Reis servieren.

schnell **Ausgebackene
Fischstücke**

(im Bild hinten)

Für 4 Personen:
750 g Fischfilet (Kabeljau, Rotbarsch,
Seelachs)
Salz | Saft von 1 Zitrone
1 EL Sojaöl | 5 EL Weizenmehl
2 EL Speisestärke
1 TL Backpulver
1/2 l Kokosöl zum Ausbacken
Chilisauce (Fertigprodukt, nach Belieben)

Zubereitungszeit: ca. 30 Min.
Marinierzeit: 15 Min.
Pro Portion: ca. 375 kcal

1 Die Fischfilets trockentupfen und in etwa 5 cm
große Stücke schneiden. Die Fischstücke leicht
salzen, mit dem Saft von 1/2 Zitrone beträufeln
und etwa 15 Min. marinieren. Inzwischen Sojaöl,
Mehl, Stärke, Backpulver, etwas Salz und 100 ml
heißes Wasser miteinander verrühren.

2 Öl in einem Topf oder in einer Fritteuse stark
erhitzen. Den Fisch trockentupfen und in der
Mehlpanade wälzen. Fischstücke portionsweise
rundherum goldgelb ausbacken, dabei nie zu
viele auf einmal frittieren, damit sie nicht an-
einander kleben. Auf Küchenpapier abtropfen
lassen. Mit dem restlichen Zitronensaft beträufeln und nach Belieben mit Chilisauce servieren.

88

schnell **Fisch in Sojasauce**

(im Bild rechts)

Für 4 Personen:
1 EL Tamarindenmark
750 g festfleischige Fischfilets (Kabeljau,
*   Rotbarsch, Seelachs, Tunfisch)*
Salz | 1/2 Bund Frühlingszwiebeln
2 Knoblauchzehen
1 Stück frischer Ingwer (etwa 4 cm lang)
3–4 EL Kokosöl | 3 EL Sojasauce
3 EL süße Sojasauce (Kecap manis)
1/2 TL Sambal oelek | Pfeffer
5 Zweige Koriandergrün

Zubereitungszeit: ca. 30 Min.
Pro Portion: ca. 205 kcal

1 Das Tamarindenmark in 150 ml heißem Wasser einweichen **(Step 1)**. Inzwischen die Fischfilets trockentupfen, dann in etwa 1,5 cm große Stücke schneiden, diese leicht salzen. Frühlingszwiebeln putzen, waschen, in 5 cm lange Stücke und diese in Streifen schneiden. Zwiebelgrün beiseite legen. Knoblauch schälen, zerdrücken. Ingwer schälen und fein raspeln.

2 Das Tamarindenmark im Einweichwasser verrühren, bis dieses dick und braun wird **(Step 2)**, und durch ein Sieb streichen **(Step 3)**. Den Saft auffangen.

3 Öl in einem Wok (oder in einem Topf) erhitzen, Fischstücke darin bei starker Hitze portionsweise 3–5 Min. rundherum anbraten. Wieder herausnehmen. Zwiebelstreifen, Knoblauch und Ingwer etwa 1 Min. unter ständigem Rühren dünsten. Tamarindensaft angießen. Mit den Sojasaucen und Sambal oelek würzen. Die Sauce etwas eindicken lassen.

4 Die Hitze reduzieren und die Fischstücke vorsichtig in die Sauce legen. Zugedeckt bei schwacher Hitze weitere 2–3 Min. ziehen lassen.

5 Die fertigen Fischstücke mit Pfeffer und Salz abschmecken, mit Zwiebel- und Koriandergrün bestreuen. Dazu Reis servieren.

von Java **Fisch süßsauer**

(im Bild links)

Für 4 Personen:
1 EL Tamarindenmark
750 g festfleischige Fischfilets (Kabeljau,
*   Rotbarsch, Seelachs, Tunfisch)*
Salz | 1/2 Bund Frühlingszwiebeln
2 Knoblauchzehen
1 Stück frischer Ingwer (etwa 4 cm lang)
3–4 EL Kokosöl | 1/2 bis 1 TL Sambal oelek
4 EL Tomatenketchup | 5 TL Palmzucker
scharfe Tomatensauce

Zubereitungszeit: ca. 30 Min.
Pro Portion: ca. 235 kcal

1 Das Tamarindenmark in einer Schüssel mit 150 ml heißem Wasser einweichen. Inzwischen die Fischfilets trockentupfen, in etwa 2 cm große Würfel schneiden und salzen. Frühlingszwiebeln putzen, waschen und schräg in dünne Ringe schneiden. Knoblauch schälen, zerdrücken. Ingwer schälen und fein raspeln.

2 Das Tamarindenmark im Einweichwasser verrühren, bis dieses dick und braun wird, und durch ein Sieb streichen. Den Saft auffangen.

3 Öl in einem Wok (oder in einer Pfanne) erhitzen. Fischwürfel bei starker Hitze portionsweise 2–3 Min. rundherum anbraten. Wieder herausnehmen. Zwiebeln, Knoblauch und Ingwer im restlichen Öl unter ständigem Rühren in 2–3 Min. glasig dünsten. Mit Tamarindensaft ablöschen. Sambal oelek, Ketchup und Palmzucker dazugeben. Die Sauce bei schwacher Hitze etwa 5 Min. köcheln. Die Fischstücke in die Sauce legen, weitere 2–3 Min. ziehen lassen. Dazu Reis und scharfe Tomatensauce servieren.

gelingt leicht ## Garnelenbällchen

Für 4 Personen:
1 kleine Stange Lauch
3 Knoblauchzehen
1 Stück frischer Ingwer (etwa 4 cm lang)
250 g gegarte geschälte Garnelen
250 g frische Sojabohnensprossen
1 Ei | 100 g Weizenmehl
1 TL Backpulver
1/2 TL Sambal oelek | Salz
1/2 l Pflanzenöl zum Ausbacken

Zubereitungszeit: ca. 40 Min.
Pro Portion: ca. 485 kcal

1 Den Lauch putzen, längs aufschlitzen und waschen. Die Hälften in Längsstreifen, dann in feinste Würfel schneiden. Knoblauch schälen und zerdrücken. Ingwer schälen und fein raspeln. Garnelen kalt abbrausen und trockentupfen. Sojabohnensprossen abspülen und in einem Sieb abtropfen lassen. Beides fein hacken.

2 Ei in einer Schüssel leicht verquirlen. Mehl und Backpulver darüber sieben. Alle vorbereiteten Zutaten mit den Gewürzen zu einem Teig verkneten. Falls der Teig zu fest wird, löffelweise etwas Wasser dazugeben.

3 Das Öl in einem Topf oder in einer Fritteuse stark erhitzen. Aus dem Teig etwa 24 walnussgroße Bällchen formen. Diese portionsweise im Öl schwimmend in 3–5 Min. knusprig ausbacken, dann auf Küchenpapier entfetten. Heiß oder kalt servieren.

Stylingtipp

Die Garnelenbällchen eignen sich super fürs Partybüfett, etwa auf einer mit einem Bananenblatt ausgelegten Platte angerichtet und mit **Chiliblumen** dekoriert: Dazu große rote Chilischoten von der Spitze bis zum Stielansatz in feine Streifen einschneiden. Samen entfernen. Die Schoten für etwa 30 Min. in Eiswasser legen, dann rollen sich die Streifen blumenartig auf.

scharf Gebratene Tintenfischringe

Für 4 Personen:
1 EL Tamarindenmark
600 g küchenfertige Tintenfischtuben
3–4 frische Chilischoten
1 Bund Frühlingszwiebeln
5 Knoblauchzehen
1 Stück frischer Ingwer (etwa 4 cm lang)
2 TL Palmzucker
2–3 EL Kokosöl | Salz

Zubereitungszeit: ca. 45 Min.
Pro Portion: ca. 165 kcal

1 Tamarindenmark in einer Schüssel mit 200 ml heißem Wasser einweichen. Inzwischen die Tintenfischtuben kalt abspülen, trockentupfen und in mundgerechte Ringe schneiden.

2 Chilischoten putzen, aufschlitzen, die Samen entfernen, dann in feine Streifen schneiden. (Vorsicht, Hände nicht an die Augen bringen und gründlich waschen!) Frühlingszwiebeln putzen, waschen und schräg in dünne Ringe schneiden. Einige grüne Zwiebelringe beiseite legen. Knoblauch schälen und zerdrücken. Ingwer schälen und fein raspeln.

3 Die vorbereiteten Zutaten außer dem Tamarindenmark mit Palmzucker zu einer dicken Paste verrühren. Tamarindenmark im Einweichwasser verrühren, bis dieses dick und braun wird, und durch ein Sieb streichen. Den Saft auffangen.

4 Das Öl in einem Wok (oder in einem Topf) erhitzen. Tintenfischstücke bei starker Hitze darin portionsweise rundherum etwa 5 Min. anbraten. Gewürzpaste untermengen und unter ständigem Rühren etwa 3 Min. mitbraten. Mit Tamarindensaft ablöschen. Salzen, zugedeckt 15–20 Min. bei mittlerer Hitze schmoren. Mit den übrigen Zwiebelringen garnieren.

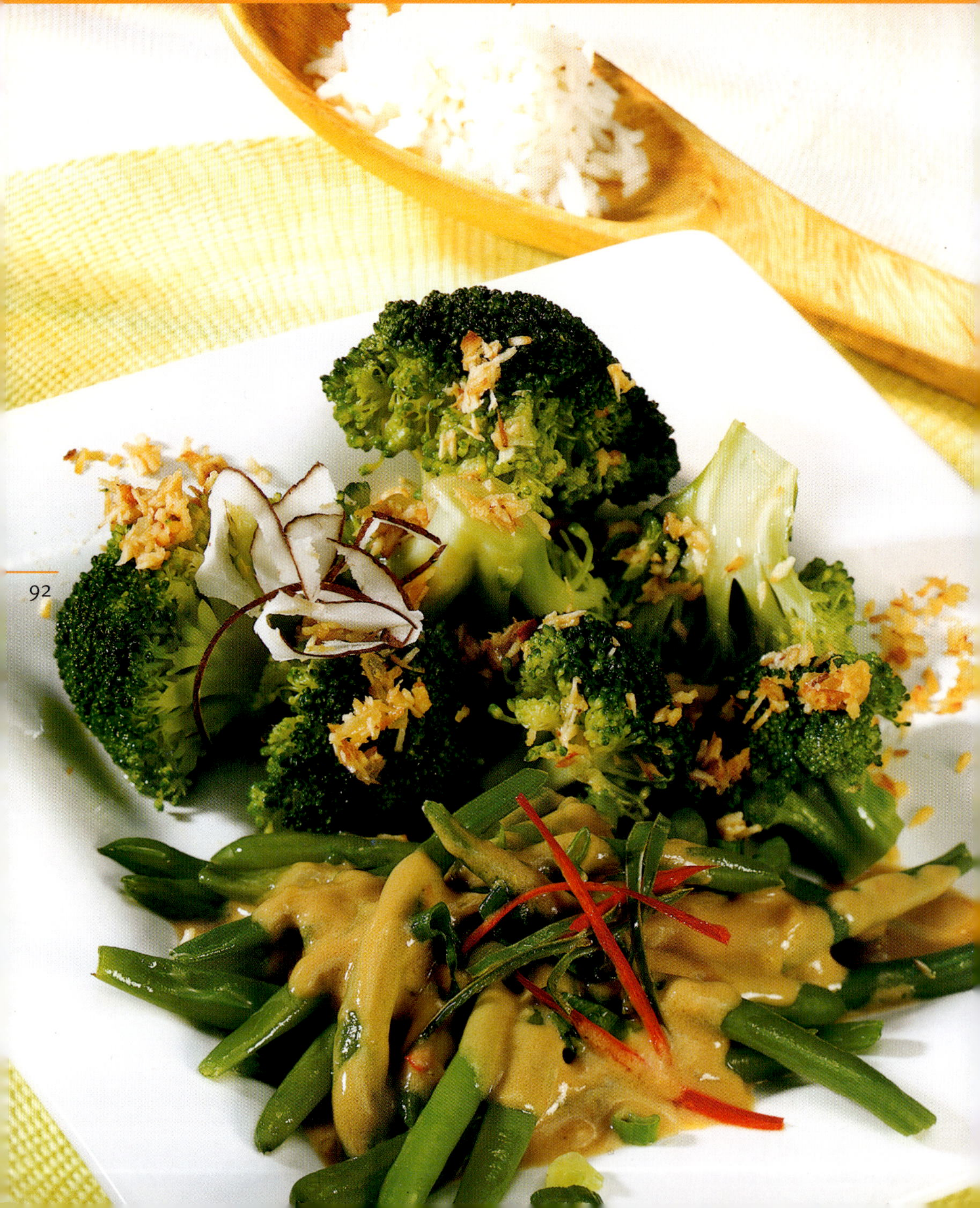

würzig Bohnen mit Chilistreifen

(im Bild vorne)

Für 4 Personen:
750 g grüne Bohnen
Salz
3 frische rote Chilischoten
1/2 Bund Frühlingszwiebeln
3 Knoblauchzehen
1 Stück frischer Ingwer (etwa 4 cm lang)
1/4 TL Garnelenpaste (Terasi)
3–4 EL Kokosöl
3 TL Palmzucker
200 ml ungesüßte Kokosmilch

Zubereitungszeit: ca. 40 Min.
Pro Portion: ca. 160 kcal

1 Bohnen waschen, putzen und in kochendem Salzwasser etwa 5 Min. blanchieren, dann in ein Sieb abgießen.

2 Chilischoten putzen, aufschlitzen und die Samen entfernen. Die Hälften längs in feine Streifen schneiden. (Vorsicht, Hände nicht an die Augen bringen und gründlich waschen!) Frühlingszwiebeln putzen, waschen und in dünne Ringe schneiden. Knoblauch schälen und zerdrücken. Den Ingwer schälen und fein raspeln. Terasi mit dem Löffelrücken zerdrücken.

3 Das Kokosöl in einem Wok (oder in einem Topf) erhitzen. Chilistreifen, Zwiebelringe, Knoblauch und Ingwer bei mittlerer Hitze darin unter ständigem Rühren etwa 3 Min. glasig dünsten. Terasi und Palmzucker hinzufügen. Mit der Kokosmilch ablöschen und die Sauce etwas eindicken lassen.

4 Die vorgegarten Bohnen untermischen und bei schwacher Hitze in etwa 5 Min. garen. Das Gericht mit Salz abschmecken. Dazu Reis und Krabbenbrot (Kroepoek) servieren.

schnell Brokkoli mit Kokossauce

(im Bild hinten)

Für 2–3 Personen:
500 g Brokkoli
Salz
1 kleine Zwiebel | 1 Knoblauchzehe
2 EL neutrales Pflanzenöl
100 g frisch geraspelte Kokosnuss
(ersatzweise gekaufte getrocknete Kokosraspel)
1/4 TL Sambal oelek
Saft von 1 Zitrone
1 TL Laospulver

Zubereitungszeit: ca. 20 Min.
Bei 3 Personen pro Portion: ca. 215 kcal

1 Den Brokkoli waschen und in mundgerechte Röschen teilen. Die Röschen in einen Topf geben, fingerbreit Wasser angießen und Salz hinzufügen. Den Brokkoli in 10–15 Min. zugedeckt bei mittlerer Hitze weich kochen.

2 Die Zwiebel schälen und in feine Würfel schneiden. Den Knoblauch schälen und zerdrücken. Das Öl in einer Pfanne erhitzen. Die Kokosraspel, die Zwiebel, den Knoblauch und das Sambal oelek dazugeben und alles bei mittlerer Hitze braten, bis die Kokosnussraspel zu bräunen beginnen. 75 ml Wasser und den Zitronensaft dazugießen. Alles mit dem Laospulver und Salz würzen.

3 Den Brokkoli aus dem Topf nehmen und abtropfen lassen. Mit der Kokossauce auf vier vorgewärmte Teller verteilen.

kalorienarm **Auberginen in Chilisauce**

(im Bild vorne)

Für 4 Personen:
1 EL Tamarindenmark
2 frische rote Chilischoten
1 Bund Frühlingszwiebeln
4–5 Knoblauchzehen
1/4 TL Garnelenpaste (Terasi)
2 große Auberginen | 6 EL Kokosöl
3 TL Palmzucker
1½ TL gemahlener Koriander | Salz
3 Zweige Koriandergrün

Zubereitungszeit: ca. 45 Min.
Pro Portion: ca. 155 kcal

1 Tamarindenmark in einer Schüssel mit 1/4 l heißem Wasser einweichen. Inzwischen Chilis putzen, aufschlitzen, die Samen entfernen, dann schräg in feine Streifen schneiden. (Vorsicht, Hände nicht an die Augen bringen und gründlich waschen!) Frühlingszwiebeln putzen, waschen und das Weiße in dünne Ringe, das Grün in etwa 5 cm lange Stücke und diese in feine Streifen schneiden. Knoblauch schälen und klein hacken. Terasi mit dem Löffelrücken zerdrücken.

2 Auberginen waschen, die Stielansätze entfernen. Die Auberginen der Länge nach in etwa 1 cm dicke Scheiben, dann in Würfel schneiden. Das Tamarindenmark im Einweichwasser verrühren, bis dieses dick und braun wird, und durch ein Sieb streichen. Den Saft auffangen.

3 Öl in einem Topf erhitzen. Chilis, Zwiebelringe und Knoblauch darin glasig dünsten. Auberginenwürfel hinzufügen und bei mittlerer Hitze rundherum anbraten. Terasi und Palmzucker untermischen. Tamarindensaft angießen. Mit Koriander und Salz würzen, 20–25 Min. schmoren. Zum Schluss das Zwiebelgrün und das gehackte Koriandergrün darüber streuen.

gut vorzubereiten **Tofu mit Süßkartoffeln**

(im Bild hinten)

Für 4 Personen:
450 g Tofu
500 g Süßkartoffeln (ersatzweise Kartoffeln)
1 kleine Tomate | 1/2 Bund Frühlingszwiebeln
3 Knoblauchzehen
3/4 l Pflanzenöl zum Ausbacken
2 EL Pflanzenöl zum Braten
1/2 TL Sambal oelek
100 g geschälte Erdnusskerne
2 EL Sojasauce | Saft von 1/2 Zitrone
2 TL Palmzucker | 1 TL gemahlener Koriander
1/2 TL Laospulver
2 EL süße Sojasauce (Kecap manis)

Zubereitungszeit: ca. 20 Min.
Pro Portion: ca. 500 kcal

1 Tofu trockentupfen, Kartoffeln schälen und beides getrennt in etwa 1 cm große Würfel schneiden. Tomate waschen und klein würfeln. Frühlingszwiebeln putzen, waschen und in Ringe schneiden. Knoblauch schälen und zerdrücken.

2 Das Öl zum Ausbacken in einer Fritteuse oder einem Topf erhitzen, darin den Tofu in 3–5 Min. knusprig ausbacken. (Vorsicht, Spritzgefahr!) Mit einem Schaumlöffel herausheben und auf Küchenpapier abtropfen lassen. Genauso die Kartoffeln ausbacken und abtropfen lassen.

3 Die 2 EL Öl in einem Wok (oder in einer Pfanne) erhitzen. Frühlingszwiebeln, Knoblauch, Sambal oelek und Erdnüsse hineingeben und unter Rühren kurz bei mittlerer Hitze anbraten.

4 Tomaten, Sojasauce, Zitronensaft und 50 ml Wasser zugeben. Alles etwa 2 Min. bei schwacher Hitze dünsten. Dann die Tofu- und Kartoffelwürfel unterheben. Mit Palmzucker, Koriander, Laospulver und süßer Sojasauce würzen.

96

schnell **Tropischer Obstsalat**

(im Bild hinten)

Für 6 Personen:
1 große Ananas
1 weiche Mango
1 feste Papaya
2 reife Karambolen (Sternfrüchte)
3 Bananen
250 g frische Litschis (ersatzweise
   aus der Dose)
Saft von 1 Zitrone

Zubereitungszeit: ca. 20 Min.
Pro Portion: ca. 430 kcal

1 Ananas längs halbieren und durch den Blattschopf schneiden. Das Fleisch aus der Schale herauslösen und in Würfel schneiden. Dabei die Teile des harten Mittelstrunks entfernen. Die beiden halben Ananasschalen zum Servieren beiseite legen.

2 Die Mango mit dem Sparschäler schälen und das Fruchtfleisch in kleinen Scheiben um den großen Kern herum abschneiden.

3 Papayahaut mit einem Sparschäler längs streifenförmig abschälen. Die Frucht halbieren und die Kerne mit einem Löffel herauslösen. Fruchtfleisch in Scheiben schneiden.

4 Die Karambolen waschen und quer in sternförmige dünne Scheiben schneiden. Die Bananen schälen und in etwa 1/2 cm dicke Scheiben schneiden. Von den Litschis die Schale entfernen, aus dem Fruchtfleisch den Kern herausschneiden. Die Früchte halbieren.

5 Das Obst in einer Schüssel vermengen, mit dem Zitronensaft beträufeln und in den beiseite gelegten Ananasschalen servieren.

gelingt leicht **Nuss-Sesam-Pfannkuchen**

(im Bild vorne)

Für etwa 8 Pfannkuchen (für 4 Personen):
100 g Erdnusskerne
3 EL Sesamsamen
5 EL Zucker
350 g Weizenmehl
4 gestrichene TL Backpulver
1/2 TL gemahlener Zimt
Salz
2 EL neutrales Pflanzenöl
2 Eier
1/4 l Milch
Pflanzenöl zum Ausbacken

Zubereitungszeit: ca. 40 Min.
Bei 8 Stück pro Stück: ca. 355 kcal

1 Die Erdnusskerne mit einem Mörser grob zerstoßen und zusammen mit dem Sesam in einer Pfanne ohne Fett bei starker Hitze unter ständigem Rühren etwa 2 Min. rösten. Die Pfanne vom Herd nehmen, die Mischung mit 4 EL Zucker verrühren.

2 Den restlichen Zucker mit dem Mehl und dem Backpulver in einer Schüssel mischen. Zimt, Salz, das Öl und die Eier dazugeben und alles verrühren. Nach und nach die Milch und 1/2 l Wasser unterrühren. Der Teig soll dünnflüssig sein.

3 Etwas Öl in einer großen Pfanne erhitzen. Von dem Teig 1 Schöpflöffel voll abnehmen, in die Pfanne gießen und breit streichen **(Step 1)**. Den Pfannkuchen etwa 1 Min. bei mittlerer Hitze backen. Dann 2 EL von der Erdnuss-Sesam-Mischung darüber streuen **(Step 2)**. Den Pfannkuchen zugedeckt in 1–2 Min. fertig backen, dann auf die Hälfte zusammenklappen **(Step 3)** und aus der Pfanne nehmen. Warm stellen, bis alle Pfannkuchen ausgebacken sind.

Japan

»Itadakimasu« bei Sushi & Co.

Die japanische Küche gilt als eine der gesündesten der Welt, denn mit Reis, Fisch, frischem Gemüse und Sojaprodukten steht sie auf äußerst fett- und cholesterinarmen, jedoch eiweiß- und vitaminreichen Grundpfeilern. Da die japanische Küche aber ebenso für sorgfältige Auswahl der Zutaten, gewissenhafte Zubereitung und liebevolle Dekoration steht, gehen Gesundheit und Genuss Hand in Hand. Ein guter Grund also, sich des Öfteren bei Sushi & Co. »Itadakimasu« – guten Appetit – zu wünschen!

Japanische Küche

Weil jahrhundertelang weitgehend isoliert von der restlichen Welt, war es für die Menschen in Japan Normalzustand, sich auf der Basis der eigenen Ressourcen zu ernähren – also mit Fisch, Meeresfrüchten, Algen und Reis. Wie wichtig Letzterer war und ist, lässt das japanische Wort »gohan« erahnen, das zugleich »Reis« und »Essen« bedeutet. Ein weiterer wichtiger Bestandteil der japanischen Küche sind Sojaprodukte wie Tofu und Miso, die ihre Existenz dem Buddhismus bzw. dem Verbot zu jagen und Tiere zu töten verdanken. Was die japanische Küche weiterhin kennzeichnet, ist Saisonalität – auf Japanisch »shun«: Von den Zutaten der Gerichte über den Tischschmuck bis zum Geschirr, alles ist an der jeweiligen Jahreszeit orientiert (siehe auch rechte Spalte). Entwickelt hat sich »shun« aus der Küchentradition heraus, die aus der Teezeremonie entstanden ist, welche buddhistische Zen-Mönche um 700 n. Chr. aus China mitbrachten und die auch im modernen Japan noch zum Zwecke geistiger Ruhe und Harmonie praktiziert wird.

Speisenfolge

Auch in Japan gibt es keine strenge Menüfolge. Wert wird vielmehr darauf gelegt, dass sich weder die Zubereitungsmethode noch die Zutaten bei einem Essen wiederholen. Und egal ob Frühstück, Mittagessen oder Abendessen – Reis und Misosuppe gehören immer dazu.

Getränke

Traditionell wird zum Essen grüner Tee und warmer oder kalter Sake getrunken. Ebenfalls beliebt ist Bier, das eiskalt serviert wird. Ganz gleich aber, welches Getränk man reicht, in Japan gilt es als höfliche Geste, seinen Gästen immer rechtzeitig nachzuschenken.

Eatguide

In Japan hält man nicht viel von üppiger Tischdekoration, denn sie würde vom Essen ablenken. Meist einziger Tafelschmuck sind Zweige oder Blumen in schlichten Vasen. Dabei und bei der Auswahl der Teller und Schüsseln wird gerne ein Bezug zur jeweiligen Jahreszeit hergestellt, was Naturnähe verdeutlichen soll. So kommen im Frühling z. B. zartes Porzellan oder Glas auf den Tisch, im Winter dagegen Geschirr aus dicker Keramik. Ess-Stäbchen werden grundsätzlich zu jeder Mahlzeit gereicht. Braucht man sie einmal nicht (beispielsweise beim Suppetrinken), legt man sie auf einer speziellen Stäbchenablage oder – wenn eine solche nicht vorhanden ist – auf einem niedrigen Schälchen ab. Absolute Tabus beim Gebrauch der Stäbchen sind: mit den Stäbchen auf jemanden oder einen Gegenstand zeigen; die Stäbchen in die volle Reisschale stecken; mit den Stäbchen jemandem etwas so reichen, dass sich die Stäbchen treffen. Zum guten Ton dagegen gehört es, beim Essen zu schlürfen und zu schmatzen, denn das zeigt an, dass es einem gut schmeckt.

gelingt leicht **Gebackener Tofu**

(im Bild hinten)

Für 4 Personen:
250 g japanischer Tofu
100 g Weizenmehl
2 EL neutrales Pflanzenöl
100 g Daikon-Rettich (japanischer Rettich)
1 Stück frischer Ingwer (etwa 4 cm lang)
Außerdem:
japanische Sojasauce

Zubereitungszeit: ca. 20 Min.
Pro Portion: ca. 285 kcal

1 Den Tofu kalt abspülen und trockentupfen. Dann vorsichtig in acht gleich große Würfel schneiden. Die Tofustücke in Mehl wenden und in heißem Öl in einer Pfanne von jeder Seite etwa 1 Min. bei mittlerer Hitze goldbraun backen.

2 Rettich und Ingwer schälen und jeweils separat fein reiben. Rettich auspressen und mit der Hand daraus vier gleich große Häufchen formen.

3 Jeweils zwei Stücke Tofu auf einem Teller anrichten. Daneben jeweils einen Rettichberg setzen und oben mit Ingwer verzieren. Ein Schälchen japanische Sojasauce dazustellen. Die Tofustücke werden vor dem Essen mit etwas Sojasauce übergossen.

Variante
In frittierter Form macht sich Tofu auch gut als **Suppeneinlage**: 250 g Tofu in acht Würfel schneiden, in Stärke wenden und in 800 ml Öl frittieren. 160 ml Dashi-Brühe II (Instant oder Rezept S. 105), 40 ml Sojasauce, 40 ml Mirin verrühren, kurz aufkochen lassen. Je zwei Tofustücke in eine Suppenschale geben. Sauce darüber gießen. Mit 80 g geriebenem Rettich, 1 EL geriebenem Ingwer und Lauchringen garnieren.

gelingt leicht **Eierrolle**

(im Bild vorne)

Für 4 Personen:
150 g geschälte Riesengarnelen
   (ohne Darm und Kopf)
1 ½ TL Salz
8 Eier
1 ½ gestrichene EL Zucker
150 ml Sake (japanischer Reiswein)
1 EL neutrales Pflanzenöl
Außerdem:
japanische Sojasauce

Zubereitungszeit: ca. 1 Std.
Pro Portion: ca. 185 kcal

1 Die Garnelen klein schneiden und im Mörser mit dem Salz zu einer Paste verarbeiten.

2 Die Eier trennen. Eiweiße langsam eines nach dem anderen mit der Garnelenpaste verrühren. Zucker und Sake dazugeben, verrühren und zum Schluss das Eigelb unterrühren.

3 In einer viereckigen Pfanne das Öl erwärmen, die Eimasse hineingeben und bei schwacher Hitze 15–20 Min. braten. Wird der Rand goldgelb, das Omelett wenden und von der anderen Seite goldgelb backen. Luftblasen mit einer Gabel aufstechen.

4 Die Pfanne vom Herd nehmen, einen Deckel zur Beschwerung direkt auf das Omelett legen, und dieses etwa 10 Min. ruhen lassen, damit nicht wieder Luftblasen entstehen.

5 Das Omelett mit einem sauberen Küchentuch wie eine Biskuitrolle aufrollen. Kurz ruhen lassen, dann das Tuch vorsichtig wegnehmen. Die Eierrolle mit einem scharfen Messer quer in etwa 2 cm breite Stücke schneiden. Als Dip Sojasauce dazu reichen.

für Gäste Gefüllte Shiitake-Pilze

(im Bild vorne)

Für 4 Personen:
150 g geschälte Riesengarnelen
(ohne Darm und Kopf)
40 g Mayonnaise
8 frische Shiitake-Pilze (etwa 4 cm Ø)
4 Stangen grüner Spargel
80 g Weizenmehl
100 ml eiskaltes Wasser
1 Eigelb
Mehl zum Bestäuben und Wenden
1 l Pflanzenöl zum Frittieren
Außerdem:
japanische Sojasauce zum Dippen

Zubereitungszeit: ca. 45 Min.
Kühlzeit: 1 Std.
Pro Portion: ca. 380 kcal

1 Die Garnelen klein schneiden, im Mörser zerstampfen. Mit Mayonnaise verrühren und für 1 Std. zugedeckt in den Kühlschrank stellen.

2 Die Shiitake-Pilze putzen, die Stiele entfernen. Spargel schälen, säubern und in etwa 4 cm große Stücke schneiden. Das Mehl sieben. Das Wasser und das Eigelb verrühren, das Mehl leicht unterheben. (Es darf ruhig noch etwas Mehl zu sehen sein.)

3 Die Shiitake-Hüte an der Unterseite leicht mit Mehl bestäuben. Die Pilze mit der Garnelenmasse füllen. (Die Füllung sollte gehäuft sein.) Die gefüllten Pilze in Mehl wenden, überflüssiges Mehl abklopfen. Spargel ebenfalls in Mehl wenden, dann beides in die Eimasse tauchen.

4 Öl in einem Topf erhitzen, bis an einem hineingehaltenen Holzkochlöffelstiel Bläschen hochsteigen. Pilz-Garnelen und Spargel im Öl etwa 2 Min. frittieren. (Vorsicht, Spritzgefahr!)

5 Pro Portion 2 Shiitake-Pilze und 2 Spargelstücke servieren. Sojasauce zum Dippen in einem separaten Schälchen reichen.

kalorienarm Spinat mit Sesamsauce

(im Bild hinten)

Für 4 Personen:
300 g frischer Blattspinat | Salz
1 EL weiße Sesampaste
2 TL weißer Miso (Sojapaste)
4 TL japanische Sojasauce
4 TL Zucker | 2 TL Mirin (süßer Reiswein)

Zubereitungszeit: ca. 30 Min.
Pro Portion: ca. 55 kcal

1 Den Spinat putzen, verlesen, waschen und in reichlich kochendem Salzwasser 1–2 Min. blanchieren. Mit einem Schaumlöffel herausnehmen, in einem Sieb kurz abtropfen lassen.

2 Den Spinat zum Abkühlen kurz in eiskaltes Wasser legen. Wenn der Spinat abgekühlt ist, nochmals in einem Sieb abtropfen lassen.

3 Sesampaste, Miso, Sojasauce, Zucker und Mirin in eine Schüssel geben und verrühren. Spinat dazugeben und vermischen. In kleinen Schalen servieren.

Variante

Auch nicht zu verachten – **Spinatsalat**: Für 4 Portionen 300 g frischen Blattspinat verlesen, putzen, waschen und etwa 2 Min. blanchieren. Gut abtropfen lassen und dann in etwa 4 cm große Stücke schneiden. Aus 1½ EL Sojasauce und 3 EL Dashi-Brühe I (Instant oder Rezept S. 105) ein Dressing mischen. Ein Drittel davon unter den Salat heben. Spinat auf vier Schälchen verteilen, das übrige Dressing darüber gießen. Mit Bonitoflocken (etwa 1 EL pro Portion) garnieren.

Grundrezept **Dashi-Brühe I**

(im Bild hinten)

Für 4 Personen (800 ml Brühe):
1 Stück Kombu
   (Alge, etwa 15 x 15 cm)
30 g getrocknete Bonitoflocken
   (etwa 3 gehäufte EL)

Zubereitungszeit: ca. 15 Min.
Pro Portion: ca. 10 kcal

1 Kombu sorgfältig mit einem sauberen, trockenen Küchentuch abwischen, auf keinen Fall waschen. Kombu mit 800 ml Wasser in einem Topf langsam bei mittlerer Hitze offen zum Kochen bringen. Sobald das Wasser zu sieden beginnt, den Kombu entfernen. Dann das Wasser, das nun den Kombugeschmack angenommen hat, aufkochen lassen.

2 Bonitoflocken in den Topf schütten und dann das Kombuwasser erneut aufkochen lassen.

3 Etwa 1 Min. warten, bis die Bonitoflocken auf den Boden sinken, dann die Brühe durch ein Tuch gießen. Bonitoflocken und Kombu für Dashi-Brühe II (s. Variante) aufbewahren.

Variante
Für etwa 800 ml **Dashi-Brühe II** Kombu und Bonitoflocken von der Dashi-Brühe I sowie 20 g Bonitoflocken extra mit 1200 ml Wasser in einem Topf offen zum Kochen bringen. Kombu entfernen. Die Brühe so lange kochen, bis die Flüssigkeit auf zwei Drittel reduziert ist. Dann durch ein Tuch filtern.

Grundrezept **Misosuppe**

(im Bild vorne)

Für 4 Personen:
160 g japanischer Tofu
2 dünne Stangen Lauch
10 g frischer Ingwer
800 ml Dashi-Brühe II
   (Rezept s. nebenstehende Variante)
je 40 g weißes und rotes Miso (Sojapaste)

Zubereitungszeit: ca. 15 Min.
Pro Portion: ca. 80 kcal

1 Tofu kalt abspülen und in 2 cm große Würfel schneiden. Lauch putzen, waschen und in feine Ringe schneiden. Ingwer schälen, auf einer feinen Reibe reiben und den Saft auffangen.

2 Dashi-Brühe im offenen Topf bei starker Hitze erwärmen, aber nicht kochen lassen. Miso durch ein Sieb drücken und unter ständigem Rühren mit dem Schneebesen zu der Suppe geben, so dass keine Klumpen entstehen. Nicht kochen.

3 Den Tofu, zwei Drittel vom Lauch und den Ingwersaft dazugeben und etwa 1 Min. ziehen lassen. In kleine Schälchen füllen, mit den restlichen Lauchringen garnieren und servieren.

Variante
Misosuppe mit Rindfleisch: Für 4 Portionen 200 g Entrecôte in etwa 2 mm dünne Scheiben, dann in etwa 3 cm breite Streifen schneiden. 50 g geschälte Schwarzwurzeln in etwa 2 cm dicke Scheiben, dann in feine Stifte schneiden. 125 g Tofu in 1 cm große Würfel und 50 g Lauch in 5 mm feine Ringe schneiden. 800 ml Dashi-Brühe II (siehe links) zum Kochen bringen. Fleisch und Schwarzwurzeln dazugeben, kurz aufkochen lassen, dann Tofu und Lauch zugeben und nochmals aufkochen. 80 g Miso durch ein Sieb geben und einrühren. Nur ganz kurz aufkochen, dann servieren.

Hauptgericht Udon-Nudelsuppe

(im Bild vorne)

Für 4–6 Personen:
1 Ei | 100 g Weizenmehl
400 ml Pflanzenöl zum Frittieren
100 g frischer Blattspinat
4 Stücke Surimi (gepresstes Fischfleisch)
1 Stange junger Lauch
400 g Udon-Nudeln
1 l Dashi-Brühe II (Instant oder Rezept S. 105)
160 ml japanische Sojasauce
2 EL Mirin (süßer Reiswein) | 2 TL Zucker

Zubereitungszeit: ca. 1 Std.
Bei 6 Personen pro Portion: ca. 375 kcal

1 Ei mit 100 ml Wasser verschlagen und das Mehl mit dem Schneebesen unterrühren. Öl in einem Topf erhitzen, bis an einem hineingehaltenen Holzkochlöffelstiel Bläschen aufsteigen.

2 Die Ei-Mehl-Mischung durch ein grobes Sieb (z. B. ein Salatsieb, die Löcher sollten 4–5 mm ∅ haben) langsam als Tropfen ins heiße Öl gleiten lassen. Portionsweise in etwa 1 Min. goldbraun frittieren. (Vorsicht, Spritzgefahr!) Mit einem Schaumlöffel herausfischen, abtropfen lassen und beiseite stellen.

3 Den Spinat verlesen, putzen und gründlich waschen. In reichlich kochendem Wasser etwa 3 Min. blanchieren, abgießen und beiseite stellen. Surimi in der Mitte schräg durchschneiden. Den Lauch putzen, waschen und in etwa 5 mm dünne Ringe schneiden.

4 In einem Topf reichlich Wasser zum Kochen bringen. Die Udon-Nudeln darin etwa 10 Min. kochen, dann abgießen.

5 In einem Topf die Dashi-Brühe zum Kochen bringen. Inzwischen Sojasauce, Mirin und Zucker in einem anderen Topf bei starker Hitze kurz aufkochen lassen, bis sich der Zucker aufgelöst hat. In die kochende Dashi-Brühe geben, einmal umrühren und vom Herd nehmen.

6 Nudeln auf vier große Suppenschalen verteilen. Darauf die frittierten Teigtropfen, Surimi, Lauch und Spinat verteilen. Mit Brühe auffüllen.

kalorienarm Suppe mit Fischklößchen

(im Bild hinten)

Für 4 Personen:
800 ml Dashi-Brühe I
   (Instant oder Rezept S. 105)
1 ½ TL Salz
1 TL japanische Sojasauce
5 Stängel Schnittlauch
120 g Surimi (gepresstes Fischfleisch)
1 Eiweiß
Saft von 1/4 Zitrone

Zubereitungszeit: ca. 20 Min.
Pro Portion: ca. 35 kcal

1 Die Dashi-Brühe in einem Topf bei starker Hitze offen erwärmen, mit 1 TL Salz und Sojasauce würzen. Die Suppe darf nicht kochen. Inzwischen den Schnittlauch klein schneiden.

2 Surimi klein hacken. In eine Schüssel geben, 1/2 TL Salz dazugeben und mit einer Gabel kneten, bis es klebrig wird. Eiweiß dazumischen und so lange kneten, bis eine gleichmäßige Masse entsteht. Durch ein Sieb pressen und mit angefeuchteten Händen daraus walnussgroße Kugeln formen.

3 In einem Topf Wasser zum Kochen bringen, die Surimikugeln dazugeben und bei mittlerer Hitze offen etwa 3 Min. kochen. Die Surimikugeln in Suppenschalen legen und mit Brühe auffüllen. Schnittlauch und jeweils einen Spritzer Zitronensaft dazugeben.

Tofu-Suppe mit Huhn

(im Bild hinten)

Für 4 Personen:
250 g japanischer Tofu
100 g ausgelöstes Hähnchenschenkel-
fleisch mit Haut
100 g Möhren | 100 g Schwarzwurzeln
100 g Daikon-Rettich (japanischer Rettich)
50 g Lauch
1 Stück Kombu (Alge, etwa 10 x 10 cm)
1 EL neutrales Pflanzenöl
2 EL japanische Sojasauce

Zubereitungszeit: ca. 45 Min.
Pro Portion: ca. 125 kcal

1 Tofu kalt abspülen und ebenso wie das Hähnchenfleisch – getrennt – in etwa 2 cm große Würfel schneiden. Möhren, Schwarzwurzeln und Rettich schälen. Möhren längs halbieren, Rettich längs vierteln und dann alles Gemüse in etwa 3 mm feine Scheiben schneiden.

2 Den Lauch waschen und in etwa 5 mm dünne Ringe schneiden. In einem Topf 800 ml Wasser mit Kombu zum Kochen bringen. Kombu kurz vor dem Kochen entfernen.

3 In einem Topf das Öl erhitzen, Fleisch und Gemüse darin bei starker Hitze etwa 3 Min. unter Rühren anbraten. Mit Kombuwasser aufgießen und etwa 10 Min. bei mittlerer Hitze köcheln lassen. Fettaugen mit einem Löffel abschöpfen.

4 Tofuwürfel dazugeben und etwa 2 Min. bei schwacher Hitze ziehen lassen. Zum Schluss mit Sojasauce würzen, in vier Suppenschalen füllen und servieren.

Getränk
Zu dieser Suppe reicht man ganz klassisch japanischen grünen Tee.

Brühe mit Schweinebauch

(im Bild vorne)

Für 4 Personen:
200 g fest kochende Kartoffeln
60 g Möhren
150 g Zwiebeln
2 Knoblauchzehen
200 g roher Schweinebauch
in 2 mm feinen Scheiben
1 Stück frischer Ingwer (etwa 4 cm lang)
1 EL neutrales Pflanzenöl
800 ml Dashi-Brühe II
(Instant oder Rezept S. 105)
100 g weißes Miso (Sojapaste)

Zubereitungszeit: ca. 45 Min.
Pro Portion: ca. 250 kcal

1 Kartoffeln und Möhren schälen. Möhren quer in etwa 3 cm lange Stücke schneiden. Diese jeweils längs halbieren und in etwa 1/2 cm breite Stäbchen schneiden. Kartoffeln längs halbieren, dann ebenfalls in Stäbchen schneiden. Die Zwiebeln schälen und in feine Ringe schneiden. Knoblauch schälen und zerdrücken. Den Ingwer schälen und fein reiben.

2 In einem Topf Öl erhitzen. Den geriebenen Ingwer mit Knoblauch bei starker Hitze darin anschwitzen. Schweinebauch, Kartoffeln, Möhren und Zwiebeln zum Knoblauch dazugeben und kurz anbraten.

3 Mit Dashi-Brühe auffüllen und 20–30 Min. bei schwacher Hitze offen kochen lassen. Fett mit einem Löffel von der Oberfläche abschöpfen.

4 Miso durch ein Sieb geben und mit einem Schneebesen in die Suppe einrühren. Diese nochmals ganz kurz aufkochen lassen. Dann die Suppe in Schalen füllen und servieren.

preiswert # Reis mit Huhn

(im Bild hinten)

Für 4 Personen:
400 g Sushi-Reis
200 g Hähnchenbrustfilet
5 EL Zucker
2 EL japanische Sojasauce
100 g Zuckerschoten | Salz
3 Eier
5 EL Sake (japanischer Reiswein)

Zubereitungszeit: ca. 45 Min.
Pro Portion: ca. 540 kcal

1 Reis in einer Schüssel insgesamt drei- bis viermal waschen, da der Reis dadurch einen besseren Glanz erhält. Dann in einem Sieb abtropfen lassen.

2 Den Reis zusammen mit etwa 600 ml Wasser zum Kochen bringen, bei schwacher Hitze etwa 25 Min. garen. Dafür zwischen den Topf und den Deckel ein gefaltetes Küchentuch legen, damit der Dampf aufgesogen wird.

3 Inzwischen das Hähnchenfleisch kalt abspülen, trockentupfen und im Fleischwolf oder in einer Küchenmaschine zu Hack verarbeiten.

4 In einem Topf Hähnchenhack, 2 EL Zucker und Sojasauce bei starker Hitze offen etwa 15 Min. kochen, bis die Flüssigkeit verdampft ist. Dabei mehrmals umrühren. Den Topf beiseite stellen.

5 Zuckerschoten waschen, putzen und schräg in etwa 3 cm große Stücke schneiden. In einem Topf Salzwasser zum Kochen bringen und die Schoten darin etwa 1 Min. blanchieren, dann abgießen und abschrecken.

6 Die Eier mit dem restlichen Zucker, Sake und Salz verrühren und in einer beschichteten Pfanne wie Rührei, aber sehr knusprig braten.

7 In Suppenschalen erst den fertig gegarten Reis hineingeben, dann das Hackfleisch und zuletzt das gebratene Ei. Mit Zuckerschoten garnieren und servieren.

schnell # Reistopf

(im Bild vorne)

Für 4 Personen:
240 g gekochter Sushi-Reis
   (nach europäischer Methode in
   Salzwasser gekocht)
1 l Fleisch- oder Gemüsebrühe (Instant)
3 EL japanische Sojasauce
4 Eigelb
1/2 Blatt Nori (gepresste Algen)

Zubereitungszeit: ca. 20 Min.
Pro Portion: ca. 345 kcal

1 Den Reis in der Brühe etwa 5 Min. kochen. Dabei ab und zu umrühren und den Schaum abschöpfen. Dann weitere 5 Min. bei schwacher Hitze zugedeckt ziehen lassen.

2 Sojasauce in den Reis geben. Den Reis in tiefe Portionsschalen füllen und in die Mitte jeweils 1 Eigelb setzen. Nori mit einer Küchenschere in dünne Streifen schneiden. Über den Reis streuen und servieren.

Variante

Der Reistopf kann mit **Gemüse, Fisch** oder **Fleisch** verfeinert werden. Z. B. 100 g Gemüse pro Person (Möhren, Rettich, Lauch) putzen und in feine Stücke geschnitten mit dem Reis zusammen kochen.

schnell Gekochtes Rindfleisch

(im Bild vorne)

Für 3 Personen:
1 kleine Schwarzwurzel
1 TL heller Reisessig
1 EL Mirin (süßer Reiswein)
200 ml Dashi-Brühe II
 (Instant oder Rezept S. 105)
3 EL japanische Sojasauce
1 EL Zucker
250 g Entrecôte
 (vom Metzger in etwa 2 mm dünne
 Scheiben schneiden lassen)
4 ganz frische Eier

Zubereitungszeit: ca. 30 Min.
Pro Portion: ca. 225 kcal

1 Backofen auf 75° vorheizen. Schwarzwurzeln waschen, schälen und in etwa
3 mm dicke Scheiben schneiden. Dann in
etwa 1/4 l Essigwasser legen, damit sie
hell werden.

2 Mirin, Dashi-Brühe, Sojasauce und
Zucker in einem Topf gut verrühren und
zum Kochen bringen. Wenn die Mischung
kocht, Fleischscheiben bei mittlerer Hitze
1–2 Min. hinzugeben, bis sich die Fleisch-
farbe verändert hat. Fleisch herausnehmen
und im Backofen warm stellen.

3 Schwarzwurzeln ebenfalls in der Sauce
etwa 20 Min. kochen. Zwischendurch
etwas Wasser nachgießen. Wenn die
Schwarzwurzeln weich geworden sind,
das Fleisch wieder hinzufügen und heiß
werden lassen.

4 Rindfleisch mit Schwarzwurzeln sehr
heiß auf Teller verteilen. Die Eier verrühren, über das Fleisch gießen.

gelingt leicht Schweineschulter mit Salat

(im Bild hinten)

Für 4 Personen:
50 g rotes Miso (Sojapaste) | 2 EL Zucker
4 EL Sake (japanischer Reiswein)
4 EL Dashi-Brühe II (Instant oder Rezept S. 105)
1 EL japanische Sojasauce
200 g Weißkohl | 1/4 Salatgurke
1 große Tomate
50 g ungesalzene Erdnusskerne
1 EL neutrales Pflanzenöl
600 g entbeinte Schweineschulter
 (vom Metzger in etwa 3 mm feine
 Scheiben schneiden lassen)
Salz | schwarzer Pfeffer

Zubereitungszeit: ca. 35 Min.
Pro Portion: ca. 340 kcal

1 Miso, Zucker, Sake und Dashi-Brühe miteinander verrühren. Unter Rühren in einem Topf bei
mittlerer Hitze erhitzen – nicht kochen. Zuletzt
die Sojasauce dazugeben, dann beiseite stellen.

2 Weißkohl putzen, in etwa 3 mm feine Streifen
schneiden. Diese in kaltes Wasser legen, damit
sie knackig bleiben. Gurke waschen und schräg
in etwa 2 cm dicke Scheiben schneiden.

3 Tomate waschen und achteln, dabei den Stielansatz entfernen. Erdnüsse in einer beschichteten Pfanne leicht rösten, dann grob hacken.

4 Das Öl in einer Pfanne erhitzen. Das Fleisch
leicht salzen und pfeffern, bei mittlerer Hitze
etwa 2 Min. braten. Aus der Pfanne nehmen und
mit der vorbereiteten Misosauce bestreichen.

5 Haut der Tomatenachtel bis aufs Ende schälen. Abgetropften Weißkohl, Tomate und Gurke
auf vier Tellern anrichten. Fleisch darauf legen
und mit Erdnüssen bestreuen.

Teriyaki-Ente

(im Bild rechts)

Für 4 Personen:
400 g Entenbrustfilet mit Haut
2 dünne Stangen junger Lauch
4 EL Sake (japanischer Reiswein)
4 EL Mirin (süßer Reiswein)
2 gehäufte EL Zucker
70 ml japanische Sojasauce
1 EL neutrales Pflanzenöl
Salz | scharfer Senf

Zubereitungszeit: ca. 30 Min.
Pro Portion: ca. 325 kcal

1 Beim Entenfilet die Haut vorsichtig dreimal senkrecht zur Fleischfaser einschneiden. Den Lauch putzen, waschen und in etwa 3 cm große Stücke schneiden.

2 Fleisch mit der Hautseite nach unten in einer beschichteten Pfanne ohne Fett bei starker Hitze etwa 3 Min. braten. Aus der Pfanne nehmen und das Fett weggießen.

3 Sake, Mirin und Zucker bei mittlerer Hitze in der Pfanne aufkochen. Dann die Ente dazugeben und die Pfanne mit einem Deckel verschließen. Nach etwa 2 Min. die Sojasauce dazugeben und das Fleisch wenden.

4 Die Sauce bei schwacher Hitze zugedeckt weiter einkochen lassen, bis sie nach etwa 3 Min. dickflüssig ist. Fleisch hin und wieder wenden. Sauce wegschütten.

5 In einer zweiten Pfanne den Lauch in etwas Öl bei mittlerer Hitze 2–3 Min. anbraten und salzen. Das Fleisch in etwa 4 mm dünne Scheiben schneiden und auf Tellern mit Lauch und einem Klecks Senf servieren.

Blitzvariante

Mit **Gekochter Ente** werden auch ganz Eilige glücklich: Für 4 Portionen 250 g Entenbrustfilet mit Haut in etwa 5 mm dicke Scheiben schneiden, salzen, pfeffern, in etwas Stärke wenden, dann etwa 1 Min. blanchieren. 100 ml Mirin und 50 ml Sojasauce aufkochen, das Fleisch darin in etwa 1/2 Min. bei mittlerer Hitze medium kochen, herausheben und abtropfen lassen. Die Sauce nochmals aufkochen, zum Fleisch servieren.

Frittierte Hähnchenschenkel

(im Bild links)

Für 4 Personen:
600 g ausgelöstes Hähnchenschenkel-
**   fleisch mit Haut**
4 EL Sake (japanischer Reiswein)
2 EL Mirin (süßer Reiswein)
2 EL japanische Sojasauce
Reismehl zum Bestäuben
1 l Pflanzenöl zum Frittieren
2 unbehandelte Zitronen

Zubereitungszeit: ca. 30 Min.
Pro Portion: ca. 315 kcal

1 Das Hähnchenfleisch in etwa 2 cm große Stücke schneiden. Sake, Mirin und Sojasauce verrühren und das Fleisch darin etwa 15 Min. marinieren. Abtropfen lassen und mit Reismehl bestäuben. Überflüssiges Mehl abklopfen.

2 In einem Topf das Öl erhitzen, bis an einem hineingehaltenen Holzkochlöffelstiel Bläschen aufsteigen. Die Hähnchenstücke darin in kleinen Portionen in etwa 2 Min. knusprig frittieren. (Vorsicht, Spritzgefahr!) Die Hähnchenstücke herausheben, kurz auf Küchenpapier entfetten, dann servieren. Die Zitronen waschen, vierteln und dazu reichen.

116

Vorspeise **Marinierte Ente**

(im Bild hinten)

Für 4 Personen:
250 g Entenbrustfilet mit Haut
Salz / schwarzer Pfeffer
2 dünne Stangen Lauch
100 ml Sake (japanischer Reiswein)
80 ml Mirin (süßer Reiswein)
100 ml japanische Sojasauce
1 EL neutrales Pflanzenöl

Zubereitungszeit: ca. 20 Min.
Marinierzeit: 2–12 Std.
Pro Portion: ca. 245 kcal

1 Entenbrustfilet salzen und pfeffern. Lauch putzen, waschen, in etwa 3 cm große Stücke schneiden und diese halbieren. Sake, Mirin und Sojasauce in einem Topf bei starker Hitze kurz aufkochen, dann abkühlen lassen.

2 Eine Pfanne mit dem Öl auswischen, das Entenfilet darin bei mittlerer Hitze zunächst mit der Hautseite nach unten etwa 5 Min. anbraten, dann wenden. Nun weitere 5 Min. braten, so dass das Fleisch außen knusprig und innen leicht rosa gebraten ist.

3 Pfanne nochmals mit Öl auswischen und Lauch darin bei mittlerer Hitze etwa 30 Sek. braten. Fleisch und Lauch etwa 15 Min. abkühlen lassen und in der vorbereiteten Sauce mindestens 2 Std. marinieren, am besten über Nacht zugedeckt in den Kühlschrank stellen.

4 Fleisch und Lauch aus der Marinade nehmen. Fleisch in etwa 1/2 cm dicke Scheiben schneiden. Sauce durch ein Sieb geben. Fleisch auf vier Teller verteilen, am Rand des Tellers Lauchstücke übereinander platzieren. Das Entenfilet mit der Sauce übergießen und servieren.

Klassiker **Teriyaki-Hähnchen**

(im Bild vorne)

Für 4 Personen:
1 EL neutrales Pflanzenöl
3 Hähnchenbrustfilets mit Haut (etwa 600 g)
1 EL Sake (japanischer Reiswein)
4 EL japanische Sojasauce
4 EL Mirin (süßer Reiswein)
2 EL Zucker
160 g Weißkohl

Zubereitungszeit: ca. 30 Min.
Pro Portion: ca. 250 kcal

1 Das Öl in einer Pfanne erhitzen. Hähnchenbrustfilets kalt abspülen, sehr gut trockentupfen und mit der Hautseite nach unten hineinlegen. Bei mittlerer Hitze anbraten. Fleisch nach etwa 5 Min. wenden.

2 Die Pfanne mit einem Deckel verschließen und Hähnchen etwa 5 Min. knusprig braten, dabei zwischendurch die Pfanne immer wieder rütteln.

3 Das Fleisch herausnehmen und das Öl weggießen. In der Pfanne Sake, Sojasauce, Mirin und Zucker aufkochen. Fleisch mit der Hautseite nach oben wieder hinzufügen und in der Sauce bei schwacher Hitze etwa 5 Min. gut durchziehen lassen.

4 Weißkohl putzen und waschen und auf der Gemüsereibe fein raspeln. Fleisch aus der Sauce nehmen, in etwa 2 cm dicke Scheiben schneiden und mit Weißkohl dekoriert servieren.

Scholle mit Gemüsesauce

gut vorzubereiten **Scholle mit Gemüsesauce**

(im Bild vorne)

Für 4 Personen:
10 g getrocknete Tongku-Pilze
30 g Möhre | 50 g Zwiebel
1 kleine grüne Paprikaschote
1 weißes Stück Frühlingszwiebel
  (etwa 10 cm lang)
6 EL Sake (japanischer Reiswein)
3 EL Zucker | 1 EL japanische Sojasauce
1 EL Speisestärke
8 Schollenfilets (je etwa 60 g)
2 EL Weizenmehl
1 EL neutrales Pflanzenöl

Zubereitungszeit: ca. 45 Min.
Einweichzeit: 3 Std.
Pro Portion: ca. 235 kcal

1 Tongku-Pilze etwa 3 Std. in kaltem Wasser einweichen. Abtropfen lassen, von den Stielen befreien und in feine, etwa streichholzdünne Stifte schneiden.

2 Möhre und Zwiebel schälen. Zwiebel in feine Streifen schneiden. Möhre der Länge nach in Scheiben schneiden, diese erst in etwa 5 cm lange Stücke, dann in feine Streifen schneiden. Paprika waschen, putzen und ebenfalls in etwa 5 cm lange feine Streifen schneiden. Frühlingszwiebel putzen, waschen und auch in etwa 5 cm lange feine Streifen schneiden.

3 In einem Topf Sake, Zucker und Sojasauce verrühren. Die Stärke in etwas Wasser auflösen. Fischfilets trockentupfen und in Mehl wenden.

4 Sojasaucenmischung zum Kochen bringen. Pilze, Möhren, Zwiebeln und Paprika dazugeben und noch einmal aufkochen lassen. Von der Platte nehmen. Die Stärkelösung in die Gemüsemischung einrühren, bis sie eindickt.

5 In einer Pfanne Öl erhitzen und Schollenfilets darin von beiden Seiten bei mittlerer Hitze jeweils in etwa 2 Min. knusprig braten. Je 2 Schollenfilets auf einem Teller anrichten. Gemüse darüber verteilen und obenauf die Frühlingszwiebeln geben.

Gegrillter Lachs

gelingt leicht **Gegrillter Lachs**

(im Bild hinten)

Für 4 Personen:
1 Limette
80 ml japanische Sojasauce
80 ml Mirin (süßer Reiswein)
80 ml Sake (japanischer Reiswein)
8 Lachsfiletscheiben (je etwa 50 g)
4 Scheiben Lotuswurzel (aus der Dose
  oder tiefgekühlt)
Salz | 4 EL heller Reisessig | 1 EL Zucker

Zubereitungszeit: ca. 30 Min.
Marinierzeit: 2 Std.
Pro Portion: ca. 285 kcal

1 Limette heiß waschen und in 4 Scheiben schneiden. Sojasauce, Mirin, Sake und Limette in einer Schüssel verrühren und den Lachs darin mindestens 1 Std. zugedeckt im Kühlschrank marinieren.

2 Inzwischen Lotuswurzel in Salzwasser etwa 2 Min. kochen. Abtropfen lassen und eventuell nochmals quer durchschneiden, bis die Scheiben etwa 4 mm dick sind. 4 EL Wasser, Reisessig und Zucker verrühren und die Lotuswurzelscheiben darin etwa 1 Std. einlegen. Nach etwa 45 Min. Backofen auf 250° Oberhitze vorheizen.

3 Lachs im heißen Backofen (oben) auf einem gefetteten Gitterrost von der ersten Seite etwa 3 Min. grillen, wenden und noch etwa 1 Min. grillen. Zwischendurch mit der Marinade bestreichen. Je 2 Lachsfilets pro Person zusammen mit den kalten Lotuswurzelscheiben servieren.

für Gäste **Reis mit Tunfisch**

Für 4-6 Personen:
400 g Sushi-Reis
100 g Sesamsamen
60 ml japanische Sojasauce
1 gehäufter TL Wasabipaste
   (japanischer grüner Meerrettich)
400 g ganz frisches Tunfischfilet
1/2 Blatt Nori (gepresste Algen)
Außerdem:
Kresse zum Garnieren

Zubereitungszeit: ca. 45 Min.
Bei 6 Personen pro Portion: ca. 460 kcal

1 Reis drei- bis viermal in einer Schüssel waschen, bis das Wasser klar bleibt, dann in einem Sieb abtropfen lassen. Reis mit 600 ml Wasser zum Kochen bringen und bei schwacher Hitze in etwa 25 Min. ausquellen lassen.

Dabei zwischen Topf und Deckel ein gefaltetes Küchentuch legen, damit der Dampf aufgesogen wird.

2 Inzwischen die Sesamsamen in einem Mörser zerreiben, bis das Öl herauskommt, und dann mit der Sojasauce und der Wasabipaste verrühren.

3 Den Tunfisch in etwa 1/2 cm dicke Scheiben schneiden. Nori mit einer Küchenschere in feine Streifen schneiden.

4 In vier Reisschalen den fertigen Reis einfüllen. Noristreifen darüber streuen. Eine Seite des Tunfisches mit der Sesampaste bestreichen und so auf den Reis legen, dass die Seite mit der Paste nach unten liegt. Zum Schluss mit Kresse bestreuen.

Makrele mit Zwiebeln

Für 4 Personen:
8 Makrelenfilets mit Haut (je etwa 60 g)
Speisestärke zum Wenden
100 g Zwiebeln
50 g Daikon-Rettich (japanischer Rettich)
1 walnussgroßes Stück frischer Ingwer
2 EL neutrales Pflanzenöl
100 ml Dashi-Brühe II
   (Instant oder Rezept S. 105)
50 ml Mirin (süßer Reiswein)
50 ml japanische Sojasauce

Zubereitungszeit: ca. 45 Min.
Pro Portion: ca. 305 kcal

1 Die Makrelenfilets trockentupfen, auf der Hautseite mehrmals einritzen. Die Stärke in einen Teller sieben und die Makrelenfilets darin wenden. Die Zwiebeln schälen und in dünne Ringe schneiden. Rettich und Ingwer schälen und jeweils fein reiben.

2 Das Öl in einer Pfanne erhitzen und Makrelenfilets darin bei starker Hitze insgesamt etwa 3 Min. von beiden Seiten braten.

3 In einem großen Topf Dashi-Brühe, Mirin und die Sojasauce zum Kochen bringen. Zwiebeln und Makrelen dazugeben und 10–15 Min. bei schwacher Hitze offen darin ziehen lassen. Dabei einmal wenden.

4 Auf jedem Teller 2 Makrelenfilets mit Sauce anrichten. Daneben jeweils etwas geriebenen Rettich und Ingwer setzen.

Besonders clever!

*Wenn Ihrer Pfanne oder dem Wok auch nach dem Abspülen ein unangenehmer **Fischgeruch** anhängt, einfach bereits benutzte Teeblätter (schwarzer Tee) mit Wasser hineingeben und ein paar Stunden stehen lassen. Danach abgießen – und der Fischgeruch ist weg.*

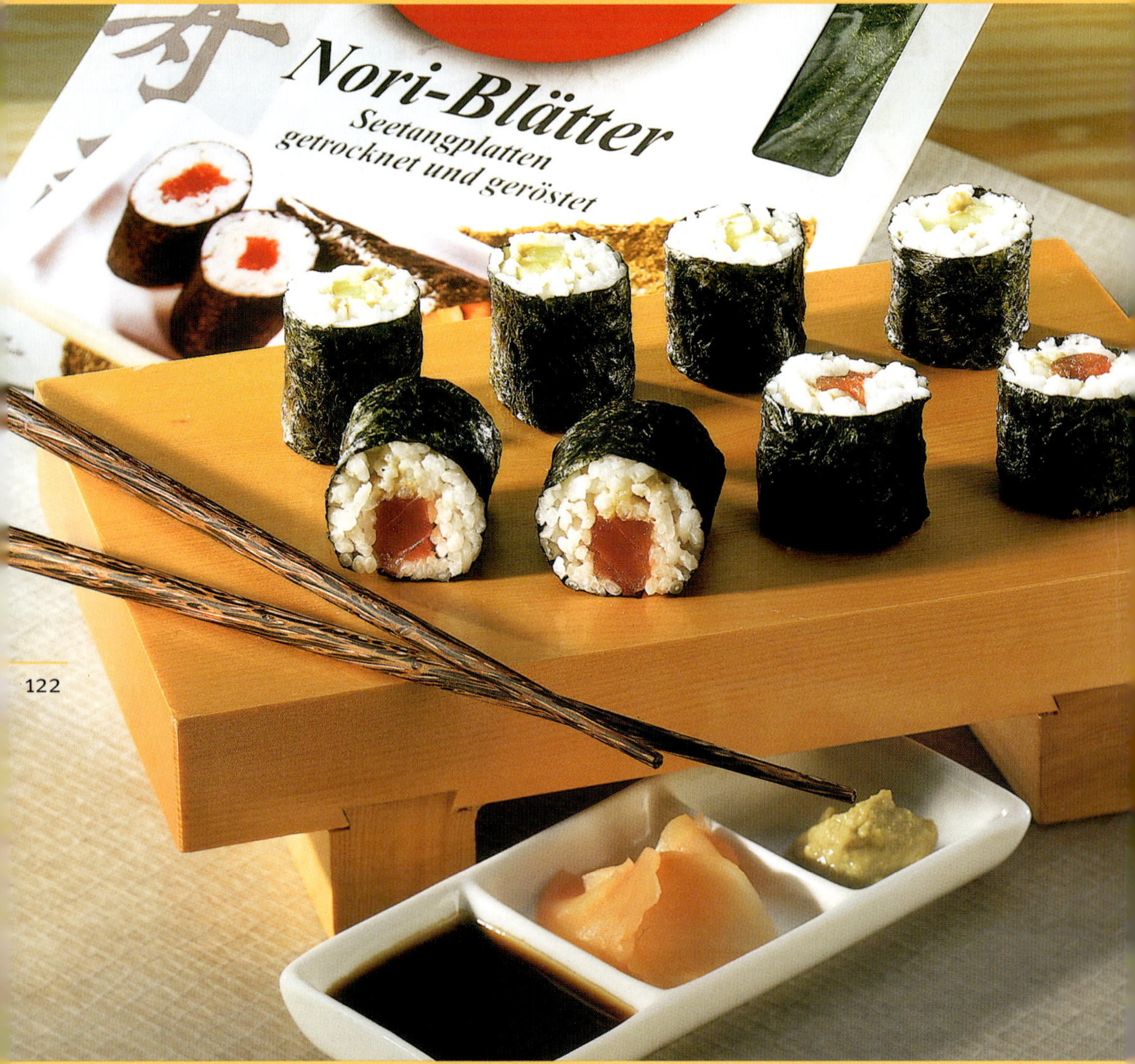
Nori-Blätter
Seetangplatten
getrocknet und geröstet

1

2

3

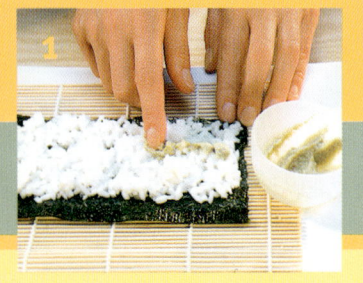

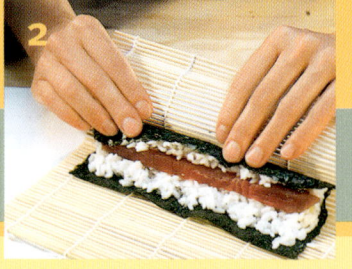

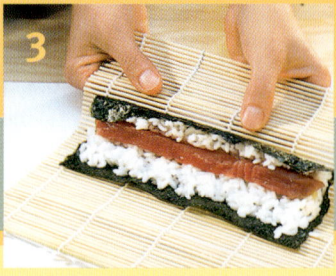

Gerollte Sushi

Für 4 Personen (etwa 48 Stück):
120 g frisches Tunfischfilet
1 kleine Salatgurke
4 Blätter Nori (gepresste Algen)
etwa 650 g vorbereiteter Sushi-Reis
(siehe Tipp)
20 g Wasabipaste (japanischer
grüner Meerrettich)
100 g eingelegter Ingwer in Scheiben
Außerdem:
1 Bambusmatte zum Aufrollen
japanische Sojasauce

Zubereitungszeit: ca. 40 Min.
Bei 48 Stück pro Stück: ca. 55 kcal

1 Das Tunfischfilet mit einem scharfen Messer in 1½ cm breite, etwa 5 cm lange Streifen schneiden. Die Gurke waschen und schälen, längs halbieren und mit einem Teelöffel die Kerne herausschaben. Gurke quer in etwa 5 cm lange Stücke, dann längs in 1/2 cm breite Streifen schneiden. Die Noriblätter der Breite nach mit einer Küchenschere jeweils einmal durchschneiden.

2 Die Bambusmatte ausrollen und 1/2 Noriblatt darauf legen. Das Algenblatt etwa 1/2 cm dick mit Sushi-Reis bestreichen, dabei am oberen Rand 1 cm frei lassen.

3 Von rechts nach links in der Mitte entlang mit den Fingern dünn Wasabi aufstreichen **(Step 1)**, darauf dann entweder einen Tunfischstreifen oder 3 Gurkenstreifen legen.

4 Nun an der unteren Seite, dort wo Reis ist, mit dem Aufrollen beginnen, die Matte so formen, dass die Rolle rechteckig ist **(Step 2 u. 3)**, damit die Noriblätter nicht brechen. Die Bambusrolle leicht anpressen.

5 Bambusmatte entfernen und die Prozedur wiederholen, bis alle Noriblätter verbraucht sind. Ein scharfes Messer unter kaltes Wasser halten und damit aus den Rollen immer etwa sechs gleich große Stücke schneiden.

6 Ingwer abtropfen lassen. Pro Person je Sorte etwa sechs Stück Sushi auf einer Platte mit der Reisseite nach oben anrichten, daneben einige Scheiben Ingwer. Zum Dippen Sojasauce reichen.

Variante

Für Vegetarier den Tunfisch durch Gurke ersetzen und **Sushi mit Möhre und Gurke** servieren: Für etwa 48 Stück 2 Möhren und 200 g Salatgurke schälen. Die Gurke längs halbieren, entkernen. Die Gemüse in 1/2 cm dicke Streifen schneiden. In einer Pfanne 3 EL Reiswein, 2 EL Wasser, 1/2 TL Zucker und 1/4 TL Salz aufkochen lassen. Möhren dazugeben, zugedeckt 1 Min. köcheln lassen. Vom Herd nehmen, Gurke dazugeben, die Gemüse im Sud abkühlen lassen. Mit Noriblättern, Sushi-Reis, Wasabipaste und den Gemüsestreifen wie beschrieben Sushi rollen.

123

Besonders clever!

*So bereiten Sie **Sushi-Reis** zu: 250 g Sushi-Reis so lange kalt abspülen, bis das Wasser klar bleibt, dann 1 Std. abtropfen lassen. Mit 300 ml Wasser aufkochen und bei starker Hitze 2 Min. kochen, dann zugedeckt bei kleinster Hitze ausquellen lassen. Deckel abnehmen, Reis mit einem Küchentuch bedecken, 10 Min. abkühlen lassen. 4 EL hellen Reisessig mit je 3 TL Salz und Zucker aufkochen. Reis in eine Schüssel geben, Würzessig darüber träufeln, den Reis mit einem Holzspatel auflockern und bis zur Verwendung mit einem feuchten Küchentuch abdecken, damit er nicht austrocknet. 250 g roher Reis ergeben gegart etwa 550 g fertigen Sushi-Reis.*

124

Garnelen-Nori-Röllchen

(im Bild hinten)

Für 4 Personen (etwa 24 Stück):
*300 g ungeschälte Riesengarnelen
(je etwa 30 g)
250 g Mayonnaise
2 weiße Stücke Frühlingszwiebel
(je etwa 10 cm lang)
4 Blätter Nori (gepresste Algen)
3 EL Weizenmehl
1 l Pflanzenöl zum Frittieren*
Außerdem:
*1 Bambusmatte zum Aufrollen
japanische Sojasauce*

Zubereitungszeit: ca. 30 Min.
Bei 24 Stück pro Stück: ca. 110 kcal

1 Garnelen von Schale und Kopf befreien, am Rücken längs leicht einritzen und den dunklen Darm entfernen. Garnelen kalt abspülen, trockentupfen und klein schneiden. Mit dem Pürierstab grob zerhacken. Die Mayonnaise unterrühren. Frühlingszwiebel putzen, waschen und in etwa 1 mm feine Röllchen schneiden.

2 Auf eine Bambusmatte 1 Noriblatt legen, darauf mit einem Messer ein Viertel der Garnelenmasse und der Frühlingszwiebeln verteilen. Mit Hilfe der Bambusmatte aufrollen. Bambusmatte entfernen und die Rolle in Mehl wenden. Den Vorgang dreimal wiederholen.

3 Öl in einem Topf erhitzen, bis an einem hineingehaltenen Holzkochlöffelstiel Bläschen aufsteigen. (Vorsicht, Spritzgefahr!) Die Noriröllchen etwa 2 Min. frittieren, dann herausheben.

4 Die Röllchen auf Küchenpapier entfetten und gerade oder schräg in etwa sechs gleich große Stücke schneiden. Mit japanischer Sojasauce zum Dippen servieren.

Nigiri-Sushi

(im Bild vorne)

Für 4 Personen (etwa 40 Stück):
*200 g ganz frisches Tunfischfilet
200 g ganz frisches Makrelenfilet
200 g ganz frisches Lachsfilet
40 g Wasabipaste (japanischer
grüner Meerrettich)
800 g vorbereiteter Sushi-Reis
(s. Tipp S. 123)
100 g eingelegter Ingwer in Scheiben*
Zum Dippen:
japanische Sojasauce

Zubereitungszeit: ca. 1 Std.
Bei 40 Stück pro Stück: ca. 95 kcal

1 Die Fischfilets mit einem sehr scharfen Messer in etwa 12 cm breite Scheiben schneiden. Diese dann in etwa 2 ½ cm breite und 5 cm lange Rechtecke schneiden. Dann immer ein Stück Fischfilet auf einer Seite dünn mit Wasabipaste bestreichen.

125

2 Aus dem Sushi-Reis mit angefeuchteten Händen krokettenförmige Rollen von etwa 5 cm Länge und 3 cm Ø formen. Je 1 Reisballen auf 1 Stück Fischfilet legen, so dass er auf der Wasabipaste liegt. Fest andrücken, damit der Belag am Reis kleben bleibt. Die Schritte 1 und 2 so oft wiederholen, bis der ganze Fisch aufgebraucht ist.

3 Den Ingwer abtropfen lassen. Etwa zehn Sushi pro Person auf einem Teller anrichten, etwas Ingwer als Häufchen daneben setzen. Ein Schälchen Sojasauce zum Dippen reichen.

Register

126

Register

Die Autoren

Thidavadee Camsong
Chong Ja Chon-Sung
Uli Franz
Thomas Gwinner
Kiyoshi Hayamizu
Yuhei Hoshino
Roland Marske
Cornelia Schinharl
Kim Lan Thai
Xiao Hui Wang
Kusuma Widjaya
Zhenhuan Zhang
Liu Zihua

Die Fotografin

Christiane Krüger arbeitete schon Anfang der 80er Jahre während ihres Design-Studiums an der Fachhochschule Hamburg als Fotoassistentin. Seit 1989 ist sie als Foodfotografin in Hamburg selbstständig, im gleichen Jahr wurde sie mit dem Fuji Shooting Star ausgezeichnet. Wenn sie nicht gerade Essen ins rechte Licht setzt, wird sie von ihren drei Kindern in Schach gehalten oder hat wieder einmal Promis oder Models für Fotoshootings in den eigenen vier Wänden zu Besuch. Bei der Arbeit an diesem Buch wurde sie von den Foodstylisten **Maren Jahnke** und **Maik Schacht** tatkräftig unterstützt.

Danke!

Ein herzliches Dankeschön geht an die Marke **Bamboo Garden** für die Bereitstellung der Asia-Produkte auf den Seiten 5, 7, 11, 24, 48, 76, 84, 122 und 124.

Redaktionsleitung:
Birgit Rademacker

Konzept, Texte und Redaktion:
Alessandra Redies

Lektorat:
Claudia Schmidt

Korrektorat:
Beate Schlachter

Layout »Einfach clever«, Typographie und Umschlaggestaltung:
Thomas Jankovic, GF von engels verlagsbüro in München, Gestalter erfolgreicher Buchserien mit besonderem Gusto auf alles, was Genießern Spaß macht

Satz:
Knipping Werbung GmbH, München

Herstellung:
Petra Roth

Reproduktion:
Penta Repro, München

Druck und Bindung:
Kaufmann, Lahr

ISBN 3-7742-5464-8

Auflage	5.	4.	3.	2.
Jahr	2006	05	04	03

GRÄFE
UND
UNZER

Ein Unternehmen der
GANSKE VERLAGSGRUPPE

Das Original mit Garantie

IHRE MEINUNG IST UNS WICHTIG. Deshalb möchten wir Ihre Kritik, gerne aber auch Ihr Lob erfahren, um als führender Ratgeberverlag für Sie noch besser zu werden. Darum: Schreiben Sie uns! Wir freuen uns auf Ihre Post und wünschen Ihnen viel Spaß mit Ihrem GU-Ratgeber.

UNSERE GARANTIE: Sollte ein GU-Ratgeber einmal einen Fehler enthalten, schicken Sie uns bitte das Buch mit einem kleinen Hinweis und der Quittung innerhalb von sechs Monaten nach dem Kauf zurück. Wir tauschen Ihnen den GU-Ratgeber gegen einen anderen zum gleichen oder einem ähnlichen Thema um.

Ihr Gräfe und Unzer Verlag
Redaktion Kochen
Postfach 86 03 25
81630 München
Fax: 089/41981-113
e-mail: leserservice@
graefe-und-unzer.de

Bildnachweis

S. 3: Teubner Foodfoto;
S. 16/17, 44/45, 72/73: Heinz-Josef Beckers;
S. 98/99: Stockfood/Barbara Bonisolli; alle anderen: Christiane Krüger